韓譯 註解

大乘起信論

馬鳴 菩薩 造
梁天竺三藏法師 眞諦 漢譯
高淳豪 韓譯 註解

무량수

책을 펴내며

 우리나라의 불자(佛子)들은 다 대승불교(大乘佛教)에 뜻을 두고 있을 것입니다. 소승불교(小乘佛教)라는 말은 들어본 적이 없습니다. 어느 사찰에 가나 대승불교를 상징하는 보살상(菩薩像)들이 봉안되어 있고, 어느 법회(法會)에 가나 끝날 때에는 중생을 다 건지고 불도(佛道)를 이루겠다고 서원(誓願)을 합니다. 우리나라는 이렇게 옛날부터 변함없이 대승불교를 지향하여 왔고 또 지금에도 변함없이 대승불교를 지향하고 있습니다.

 대승불교는 고대 인도대륙의 불교역사로 보아 석존(釋尊)의 입멸(入滅) 후 여러 부파(部派)가 생기면서 서로 자시타비(自是他非)를 가리며 부처님의 본래 뜻과는 달리 불교계가 소아적(小我的)이 되자 이는 부처님의 뜻일 수 없다는 자각(自覺)에서 부처님의 뜻으로 돌아가고자 일으킨 불의(佛意)에의 복귀운동이었습니다. 그런 복귀운동을 일으킨 사람들은 부처님의 가르침을 '(수레 같은) 탈 것'에 비유하여 모두가 다 같이 타고 부처님과 같은 길을 가고자 그들 자신이 하고자 했던 불교를 대승(大乘)이라 부르고, 그 실천자를 보디사트바(*bodhisattva* 菩提薩埵) 즉 보살(菩薩)이라 부르며, 누구든지 모두 함께 하되 부처님의 뜻을 바르게 살려 부처님과 같은 길을 가자고 하였던 것입니다. 하지만 예전에도 그랬었겠지만 지금에도 그런 길을 간다는 것은 그리 쉬운 일이 아닐 것입니다. 대승불교에 대한 폭 넓은 이해도 있어야 할 것이고, 그 길에 대한 굳은 믿음도 있어야 할 것입니다. 그리고 물론 그런 모든 것은 불변(不變)의 신심(信心)으로 대승불교의 가르침을 따라 자기의 변화를 기하고자 꾸준히 노력 정진할 때만이 자기의 속에서 살아나 그 참되고 힘찬 생명력(生命力)을 함께 하게 될 것입니다.

대승불교를 가르치고 있는 경론(經論)은 실로 방대합니다. 경(經)도 많고, 논(論)도 많습니다. 이런 사실은 그만큼 대승불교가 깊고도 넓다는 뜻이 되기도 합니다. 분명 대승불교는 깊고도 넓습니다. 그러다보니 불교를 어느 정도 공부하였다고 하더라도 초심자(初心者)라면 어디에서부터 어떻게 시작해야 할지 혼동을 일으키기도 합니다. 이에 이런 점들을 모두 갈무리하여 정확한 체계를 잡아 그 길을 제시하며 누구에게든 굳은 신심을 일으켜 결코 퇴전(退轉) 없이 보살의 길을 가도록 한 논(論)이라면 이 대승기신론(大乘起信論)이 당연 그 수위(首位)가 되지 않을까 합니다. 그렇기 때문에 대승기신론은 그 오랜 세월 변함없이 많은 사람들에게 사랑을 받아 애독되어 왔던 것이며, 지금도 대승기신론에 대한 말을 들은 사람이라면 누구든 이를 접해보고자 하는 것 같으니, 대승기신론은 대승보살의 길을 가는 데에 가히 필수적인 논(論)이라고 하여도 결코 과언이 아닐 것입니다. 대승기신론, 이 논(論)은 접해본 사람이라면 환희를 내지 않는 사람이 없는 것 같습니다. 평생을 전법포교(傳法布教)의 일선에서 부처님의 가르침을 펴고자 노력하며 살아온 필자는 주위에서 진정 그런 말을 많이 들어왔습니다. 필자도 학창시절 이해력은 부족하였겠지만 처음 대승기신론을 대하고 환희에 젖었던 순간이 잊지 못할 추억이 되어 지금도 종종 떠오르곤 합니다.

 이에 필자가 몸담고 있는 동국불교대학에서는 대승기신론에 대한 학습이 필수적이라는 결론을 내리고 그를 위한 학습과정을 두기로 하였습니다. 하지만 대승기신론은 논리를 전개한 구성도 독특하고, 논리를 전개하며 표현한 문장도 간결하면서 함축적인데다가, 그런 중에 사용한 술어들도 나름대로 독특한 것들이 많아 일면 초심자(初心者)로서는 쉽게 접하기 어려운 점이 있는 것도 사실입니다. 그러자 문제는 그를 위한 교재였습니다. 물론 우리나라나 일본에도 이에 대한 해설서는 여럿 나와 있습니다. 그럼에도 불구하고 이 책을 쓰게 된 것은, 본 대학은 생업에 바쁜 일반불자들이 틈틈이 시간을 내 불교를 공부하는 곳이라, 본 대학에서 지향하는 바에 따라 초심자라도 쉽게 대할 수 있게 하고자 하는 의도에서였습니다. 따라서 이 책은 그 성립사적(成立史的)인 면이나 다른 경론(經論)과의 비교연구 같은 전문적인 연구를 위해 쓴 것이 아니고, 일반불자들을 위한 강의 및 자습용으로 우리가 현재 볼 수 있는 대승기신론을 되도록 간단명료하게 대승기신론 그대로 이해하고 받아들이는데 중점을 두고 썼던 것이며, 이를 교재로 하여 강의를 진행하였던 것입니다. 그러던 중 이를 본 주위의 몇몇 도반(道伴)들이 보다 많은 불자(佛子)들과 함께 할 수 있도록 하는 것이 어떠냐고 권함에 상의 끝에 비재(非才)를 무릅쓰고 수정 보완하여 이 책을 발행하게 된 것입니다.

불법(佛法)은 그에 따른 실천이 있을 때라야 그 가치가 발휘되고, 자신도 보다 좋은 쪽으로 변화되어 갈 것입니다. 배고프면 먹어야 한다는 이치를 아무리 잘 알고 있어도 배고플 때 먹지 않는다면 배고픔은 결코 해결되지 않는 법입니다. 대승기신론은 이치만을 가르치고 있는 것이 아니라 그 이치를 따라 실천하여 가게 하는 위신력(威神力)도 가지고 있어 대승기신론을 학습하다가보면 누구든지 자신도 모르는 사이 어느덧 자신을 보살로서 확인하는 동시 보살로서의 행(行)을 하여 불지(佛地)를 향한 환멸(還滅)의 길을 가게 된다고 합니다. 따라서 필자로서는 이 책을 대하는 모든 분들에게 그런 면에서 조금이라도 도움이 되길 바랄 뿐입니다.

 인생(人生)은 얻기 어렵고 불법(佛法)은 만나기 어렵다고 하였습니다. 그리고 불법(佛法)을 수행하여 감에도 어느 정도까지는 마장(魔障)이 있게 마련입니다. 하지만 정법(正法)은 그 어떤 마장도 침범하지 못합니다. 그러하니 설사 당장은 어려움 괴로움이 있다고 하더라도 정법(正法)에 대한 굳은 믿음을 가지고 결코 물러남이 없이 꾸준히 정법(正法)의 길을 간다면 결국은 해탈(解脫)에 이르게 되리라 확신합니다.

 이 책은 대장경에 들어있는 우리나라 원효(元曉)스님을 비롯한 여러 선지식들의 주석서들과 현재 우리나라와 일본에 나와 있는 여러 해설서 등을 참고로 하여 쓴 것입니다. 그러나 그래도 미비한 점이 많을 것이니 그 점에 관해선 보다 눈 밝은 분들과의 인연이 있게 되길 기원합니다.

 끝으로 이 책을 출판하여 준 도서출판 무량수 관계자 여러분에게 깊이 감사를 드리며, 이 책과 인연을 맺으시는 모든 분들에게 불보살님들의 가피가 깃들어 복혜구족(福慧具足)하시길 진심으로 합장 발원합니다.

불기 2554년 6월
금정산 기슭에서
필자 합장

일러두기

o 이 책의 한역본(漢譯本)은 대정신수대장경(大正新修大藏經)의 것에 의하였다.

o 글을 한눈에 쉽게 볼 수 있도록 한역(漢譯)과 우리말 번역을 대칭으로 배열하였다.

o 번역은 되도록 직역(直譯)을 원칙으로 하되 직역만으로 어려운 경우 의역(意譯)을 하였으며, 의미를 알기 쉽게 하기 위하여 때로는 <가나다> 의 형식으로 말을 삽입하기도 하였다.

o 어휘나 내용을 파악함에 필요하다고 생각되는 부분에는 주(註)를 달아 밑에 해설하여 놓았다.

o 범어(梵語)는 abc 또는 (abc) 와 같이 표기하였다.

o 이 책에 실은 사진은 모두 필자가 인도성지순례를 하면서 직접 촬영한 것이다.

o 이 책은 초심자를 위하여 강의 및 자습용으로 쓴 것이다.

차 례

책을 펴내며
일러두기

개 요
구 성
저자(著者)와 역자(譯者)

序 分

귀경서(歸敬序)
삼보(三寶)에의 귀명(歸命) / 22
논(論)을 짓는 목적 / 26

발기서(發起序)
논(論)의 이유와 구성 / 26

正 宗 分

I. 인연분(因緣分)
一. 논(論)을 짓는 인연 / 32
二. 논(論)의 특색 / 36

II. 입의분(立義分)
一. 대승의 두 가지, 법(法)과 의(義) / 40

二. 대승의 법(法), 일심이문(一心二門) / 40
三. 대승의 의(義), 삼대(三大) / 42

Ⅲ. 해석분(解釋分)
一. 총설(總說) / 44
二. 현시정의(顯示正義) / 44
  1. 이문(二門) / 44
  2. 심진여문(心眞如門) / 46
    1) 이언진여(離言眞如) / 46
    2) 의언진여(依言眞如) / 52
      (1) 여실공(如實空) / 52
      (2) 여실불공(如實不空) / 54
  3. 심생멸문(心生滅門) / 56
    1) 심생멸(心生滅) / 56
      (1) 아리야식(阿梨耶識) / 56
      (2) 각(覺) / 58
        ① 본각(本覺)과 시각(始覺) / 58
        ② 시각(始覺) / 58
          불각(不覺), 범부각(凡夫覺) / 58
          상사각(相似覺) / 60
          수분각(隨分覺) / 62
          구경각(究竟覺) / 64
          시각(始覺)의 결어(結語) / 66
        ③ 본각(本覺) / 68
          수염본각(隨染本覺) / 68
           지정상(智淨相) / 68
           부사의업상(不思議業相) / 70

성정본각(性淨本覺) / 72
          여실공경(如實空鏡) / 72
          인훈습경(因熏習鏡) / 74
          법출리경(法出離鏡) / 74
          연훈습경(緣熏習鏡) / 76
      (3) 불각(不覺) / 78
        ① 근본불각(根本不覺) / 78
        ② 지말불각(枝末不覺) / 80
          삼세(三細) / 80
          육추(六麤) / 82
      (4) 각(覺)과 불각(不覺)의 동상(同相)과 이상(異相) / 86
        ① 동상(同相) / 86
        ② 이상(異相) / 88
    2) 생멸(生滅)의 인연(因緣) / 90
      (1) 오의(五意)의 전기(轉起) / 90
      (2) 삼계유심(三界唯心) / 94
      (3) 의식(意識) / 96
      (4) 연기(緣起)의 심오(深奧) / 98
      (5) 무명(無明)의 홀연염기(忽然念起) / 98
      (6) 육염심(六染心) / 100
        ① 지말무명(枝末無明)의 여읨 / 100
        ② 근본무명(根本無明)의 여읨 / 108
    3) 생멸(生滅)의 상(相) / 112
    4) 훈습(熏習) / 118
      (1) 염정(染淨)의 사법(四法) / 118
      (2) 훈습(熏習)의 뜻 / 118
      (3) 염법훈습(染法熏習), 유전연기(流轉緣起) / 120
        ① 망경계훈습(妄境界熏習) / 120

② 망심훈습(妄心熏習) / 122
　　　　③ 무명훈습(無明熏習) / 124
　　(4) 정법훈습(淨法熏習), 환멸연기(還滅緣起) / 126
　　　　① 망심훈습(妄心熏習) / 130
　　　　② 진여훈습(眞如熏習) / 130
　　　　　　자체상훈습(自體相熏習) / 132
　　　　　　용훈습(用熏習) / 138
　　　　　　체용훈습(體用熏習)의
　　　　　　미상응(未相應)과 기상응(已相應) / 142
　　(5) 염법(染法)・정법(淨法)의 단(斷)・부단(不斷)의 의의
　　　　　　　　　　　　　　　　　　　　　　　　/ 144
　4. 삼대(三大) / 146
　　1) 체대(體大) 상대(相大) / 146
　　　(1) 진여(眞如)의 자체상(自體相) / 146
　　　(2) 진여(眞如)의 자체상(自體相)을 거듭 밝힘 / 148
　　2) 용대(用大) / 154
　　　(1) 용(用)의 원리 / 154
　　　(2) 용(用)의 이종(二種), 응신(應身)과 보신(報身)
　　　　　　　　　　　　　　　　　　　　　　　　/ 158
　　　(3) 응신(應身)과 보신(報身)을 거듭 설명함 / 162
　　　(4) 생멸문(生滅門)으로부터 진여문(眞如門)에 들어감
　　　　　　　　　　　　　　　　　　　　　　　　/ 170

三. 대치사집(對治邪執) / 172
　1. 이종(二種)의 사집(邪執) / 172
　　1) 인아견(人我見) / 172
　　2) 법아견(法我見) / 184
　2. 구경(究竟)에 망집(妄執) 여읨을 밝힘 / 186
四. 분별발취도상(分別發趣道相) / 188

11

1. 총설(總說) / 188
2. 신성취발심(信成就發心) / 190
   1) 발심(發心)의 인연(因緣) / 190
   2) 발심(發心)의 모습 / 196
   3) 진여(眞如)에 귀순(歸順)하는 방편 / 200
      (1) 행근본방편(行根本方便) / 200
      (2) 능지방편(能止方便) / 202
      (3) 발기선근증장방편(發起善根增長方便) / 202
      (4) 대원평등방편(大願平等方便) / 204
   4) 발심(發心)의 이익(利益) / 206
3. 해행발심(解行發心) / 210
4. 증발심(證發心) / 214
   1) 발심(發心)의 인연(因緣) / 214
   2) 발심(發心)의 상(相)과 공덕(功德)의 상(相) / 218
   3) 일체종지(一切種智)에 대한 문답 / 220
   4) 세간(世間)에서 불(佛)을 보지 못함에 대한 문답 / 222

IV. 수행신심분(修行信心分)

一. 사신(四信) / 224
   1. 신근본(信根本) / 226
   2. 신불(信佛) / 226
   3. 신법(信法) / 226
   4. 신승(信僧) / 228
二. 오문(五門) / 230
   1. 총설(總說) / 230
   2. 오문(五門) / 232
      1) 시문(施門) / 232

2) 계문(戒門) / 234
   3) 인문(忍門) / 236
   4) 진문(進門) / 238
   5) 지관문(止觀門) / 242
      (1) 총설(總說) / 242
      (2) 지문(止門) / 244
         ① 지(止) 수행의 방법 / 244
         ② 지(止)의 공능(功能) / 250
         ③ 마사(魔事)를 밝힘 / 250
         ④ 외도삼매와 진여삼매의 다른 점을 밝힘 / 256
         ⑤ 진여삼매(眞如三昧)의 이익을 말하여
            닦을 것을 권함 / 258
      (3) 관문(觀門) / 262
         ① 총설(總說) / 262
         ② 법상관(法相觀) / 262
         ③ 대비관(大悲觀) 대원관(大願觀) 정진관(精進觀) / 264
      (4) 지(止)와 관(觀)을 함께 닦을 것을 권함 / 268
      (5) 불(佛)의 방편(方便)과 염불왕생(念佛往生) / 270

V. 권수이익분(勸修利益分)

   一. 총설(總說) / 274
   二. 바른 믿음을 권함 / 276
   三. 비방(誹謗)을 멀리 여읠 것을 권함 / 278

流 通 分

회향게(廻向偈) / 284

개 요

　대승기신론은 범어(梵語) 즉 산스크리트(Sanskrit)로 되어있는 것이 아직 발견되지 않았다고 하며, 단지 천축인(天竺人)으로 중국에 와 역경(譯經)을 한 파라마-르타(Paramārtha 眞諦 진제 499-569)와 쉬크샤-난다(Śikṣānanda 實叉難陀 실차난타 652-710)가 번역한 두 가지의 한역본(漢譯本)이 전해지고 있을 뿐이다.
　이에는 파라마-르타의 번역을 택했으나, 이 논(論)은 그 탁월한 구성과 독창적인 체계는 말할 것도 없거니와 간결하고도 명확한 표현으로 대승불교의 진수(眞髓)를 꿰뚫어놓은 것은 물론 대승보살의 길을 가도록 해놓았다고 하여 옛날부터 불교를 공부하고자 함엔 접하지 않은 사람이 없었으며 또한 접한 사람이라면 찬탄을 금치 못하였다고 하는 대승론(大乘論) 중의 하나이다. 한 글자 뺄 것도 없고 한 글자 더할 것도 없다는 실로 극한적인 찬사까지도 있어 왔다. 그래서 그랬는지 이 논(論)을 보다 쉽게 해석하고자 했던 주석서도 많이 쓰였다. 그 중 중국에서까지도 가장 애송되었던 것은 해동소(海東疏)라고 불리기도 했던 우리나라 원효스님의 소(疏)였다고 하니, 여러 주석서들 중 가장 최고로 여겼던 것으로 전해지고 있다.

　논(論)의 이름이 "대승기신(大乘起信)" 즉 "대승에 대한 믿음을 일으킨다"고 되어있으니 이로써 이 논(論)의 성격은 어느 정도 추지할 수 있겠으나, 원효스님은 대승기신론(大乘起信論)이란 제명(題名)에 대해 다음과 같이 풀이하기도 하였다.
　"대승(大乘)이라 하는 것은, 대(大)는 온당한 진리를 이르니 널리 포용한다는 뜻이며, 승(乘)은 비유로써 하는 말로 싣고 나르는 것을 공(功)으로 삼는 것이다.(言大乘者 大是當法之名 廣苞爲義 乘是寄喩之稱 運載爲功)"

"기신(起信)이란 이 논(論)에 의하면 중생들에게 믿음을 일으키는 것이다. 신(信)은 결정적으로 그렇다고 하는 것이니, 소위 이치가 참으로 있다는 것을 믿는 것이요, 닦으면 얻을 수 있다는 것을 믿는 것이며, 닦아 얻을 때에 무궁한 덕(德)이 있음을 믿는 것이다.(言起信者 依此論文 起衆生信 故言起信 信以決定謂爾之辭 所謂信理實有 信修可得 信修得時有無窮德)"

"논(論)이라 하는 것은 확실하게 이해하고 궤도를 삼을만한 설명문으로 깊고 깊은 법상(法相)과 도리(道理)를 가려 설명하는 것이니, 결정적으로 뜻을 가림에 의해 논(論)이라고 하는 것이다.(所言論者 建立決了可軌文言 判說甚深法相道理 依決判義 名之爲論)"

그리고는 이렇게 말했다.

"대승(大乘)은 이 논(論)의 종체(宗體)이고, 기신(起信)은 이 논의 수승한 공능(功能)이다. 체(體)와 용(用)을 합해 들어 제목으로 삼으니 그 까닭에 대승기신론(大乘起信論)이라고 한 것이다.(大乘是論之宗體 起信是論之勝能 體用合擧 以標題目 故言大乘起信論也)"

이와 같아 대승기신론은 중생들에게 대승에 대하여 조금도 의심 없는 강한 믿음을 일으키되 보살(菩薩)의 길을 간략하면서도 확실하게 제시함으로써 누구나 그에 따라 그 길을 가도록 하는 데에 목적을 두고 쓰인 것이라고 하겠다. 대승기신론은 읽으면 읽을수록 환희심(歡喜心)이 저절로 나는 논(論)이다.

구 성

대승기신론은 제일 먼저 귀경서(歸敬序)와 함께 논(論)을 지은 목적이 나오는데, 전체적으로는 인연분(因緣分) 입의분(立義分) 해석분(解釋分) 수행심신분(修行心信分) 권수이익분(勸修利益分)의 오분(五分)으로 구성되어 있다.

①인연분(因緣分)에서는 이 논(論)의 대강(大綱)을 밝혔고
②입의분(立義分)에서는 이 논(論)의 논지(論旨)를 제시하였으며
③해석분(解釋分)에서는 그 논지를 설명하였으며
④수행신심분(修行信心分)에서는 위의 논지를 믿고 그에 따라 실천 수행하여 가는 방법 등에 대해 설명하였으며
⑤권수이익분(勸修利益分)에서는 실천 수행할 것을 권고하면서 그에 따른 이익을 밝혔다.

이를 삼분(三分)에 배대(配對)하면
1. 인연분(因緣分)은 이 논(論)을 짓는 인연을 말하는 부분으로 서분(序分)이 되고,
2. 입의분(立義分) 해석분(解釋分) 수행신심분(修行信心分) 그리고 권수이익분(勸修利益分)의 앞부분까지는 본론이니 정종분(正宗分)이 되고,
3. 권수이익분(勸修利益分)의 끝 부분은 이 논(論)을 따라 수행하고 펼 것을 말하는 유통분(流通分)이 된다.

서분(序分)	1. 인연분(因緣分)
정종분(正宗分)	2. 입의분(立義分) 3. 해석분(解釋分) 4. 수행신심분(修行信心分) 5. 권수이익분(勸修利益分)
유통분(流通分)	5. 권수이익분(勸修利益分)

저자(著者)와 역자(譯者)

 대승기신론의 저자는 아쉬바고사(Aśvaghoṣa 馬鳴 마명)로 되어 있다. 일본에선 범어본(梵語本)이 발견되지 않았던 점과 아쉬바고사의 다른 저서에 이 논(論)에 대한 언급이 없다는 점 등을 들어 아쉬바고사의 저술임을 부정하고 중국찬술이라 하기도 하였지만 대승기신론의 저자가 아쉬바고사라는 데엔 이의가 없다.
 석마하연론(釋摩訶衍論)에는 6인(人)의 아쉬바고사가 있었다고 하였다. 그 중 이 대승기신론의 저자는 석존께서 입멸(入滅)하신 후 600년경 중인도(中印度) 쉬-라바스티-(Śrāvastī 舍衛 사위 즉 코샬-라 kośalā)국(國)의 사-케타(Sāketa 娑枳多 사지다)성(城)에서 태어나 처음엔 외도(外道)를 따르다가 후에 불교에 귀의하여 중인도(中印度)와 북인도(北印度)에서 대승불교를 펴던 대승의 논사(論師)로 대승기신론 외에 대장엄론경(大莊嚴論經) 불소행찬(佛所行讚) 등을 저술하고 대승불교의 시조(始祖)라고 불리는 아쉬바고사라고 한다.

 역자(譯者)인 파라마-르타(Paramārtha 眞諦 진제)는 서인도(西印度) 우자야나(Ujayana 優禪尼 우선니)국(國)의 사람이다. 중국 양(梁)나라 무제(武帝)가 사신(使臣)을 보내 고승(高僧)과 대승경전을 구함에 이에 응하여 546년 많은 경(經)·논(論)을 가지고 중국에 왔으나 전란(戰亂)으로 여러 곳을 돌아다니며 힘든 생활을 했다. 하지만 그렇게 하는 중에도 번역과 강론에 힘썼으니 대승기신론 섭대승론(攝大乘論)을 비롯한 경(經)·논(論) 총 64부(部) 278권(卷)을 번역했다고 한다. 세수(世壽) 71세로 입적(入寂)하였다. 중국에선 구마라집(鳩摩羅什 Kumārajīva) 현장(玄奘) 의정(義淨)과 함께 사대역경가(四大譯經家)라고 하며, 중국 섭론종(攝論宗)의 개조(開祖)로 불린다.

序 分

<이 논(論)을 짓게 된 인연>

<인도 마드라스박물관 소장 불상>

귀경서(歸敬序)

삼보(三寶)에의 귀명(歸命)

歸命¹⁾ 盡十方 最勝業²⁾ 遍知³⁾
귀명 진시방 최승업 변지

色⁴⁾ 無礙自在 救世大悲者
색 무애자재 구세대비자

---

1) 귀명(歸命) : 원어는 범어(梵語)로 나마스(namas)인데 나모(namo)라고도 변형되어 나무(南無) 나모(南謨) 등으로 음역된다. 보통 귀의(歸依)라고 번역하나, 이에선 <목숨을 바쳐 돌아간다>는 뜻의 귀명(歸命)이라 하여 보다 강한 느낌을 갖게 하였다.
2) 최승업(最勝業) : 업(業)은 행위 행동을 뜻하는 말이니, 최승업(最勝業)이라고 하면 가장 수승한 행위 즉 부처님께서 하시는 일로 가장 훌륭한 일을 말하는 것이다.
3) 변지(遍知) : <두루 안다>는 뜻이니, 부처님께서는 모든 일을 두루 아신다는 뜻에서 이른 말이다.
4) 색(色) : 이에서의 색(色)은 부처님의 색신(色身)을 말한 것이다.

귀경서(歸敬序)

삼보(三寶)에의 귀명(歸命)

온 시방(十方)에 가장 수승한 일을 하시고 모든 것을 두루 아시며

색신(色身)이 아무런 걸림 없어 자재(自在)하신 구세(救世)의 대비자(大悲者)

---

* 진시방(盡十方)~구세대비자(救世大悲者) : 불보(佛寶)의 찬탄이다. 원효스님은 진시방최승업변지(盡十方最勝業遍知)는 불(佛)의 심덕(心德)을 찬탄한 말이니, 그 중 진시방최승업(盡十方最勝業)은 업용(業用)의 찬탄이고 변지(遍知)는 지체(智體)의 찬탄이라고 하였다. 그리고 색무애자재(色無礙自在)는 색덕(色德)을 찬탄한 말이니, 그 중 색무애(色無礙)는 색체(色體)의 찬탄이고, 자재(自在)는 색용(色用)의 찬탄이라고 하였다. 구세대비자(救世大悲者)는 찬탄을 총결(總結)한 것이라고 하였다.

及彼身體相 法性眞如海[1]
급피신체상 법성진여해

無量功德藏 如實修行等[2]
무량공덕장 여실수행등

---

1) 피신체상 법성진여해(彼身體相 法性眞如海) : 법보(法寶)를 찬탄한 말이다. 피신(彼身)은 불신(佛身)을 말하니, 귀명(歸命)하여야 할 법(法)은 불신(佛身) 그 본체(本體)요 또한 본래 그에 갖추어져 있는 덕상(德相)이기에, 그것이 곧 법성(法性)이요 진여해(眞如海)라고 한 것이다. 법성(法性)이란 제법(諸法) 또는 일체법(一切法)이라고 표현하기도 하는 모든 사물의 체성(體性)을 말한다. 그리고 진여(眞如)란 범어(梵語) tathātā 의 번역으로 불생불멸(不生不滅)인 모든 사물의 본체(本體)를 이르는 말인데, <참되고 한결 같다>는 의미를 살려 이렇게 진여(眞如)라고 번역한 것이다. 바다란 진여에 한량없는 공덕(功德)이 있기에 비유한 말이다.

및 그 몸의 체상(體相)인 법성(法性) 진여해(眞如海)와

무량(無量)한 공덕장(功德藏) 여실(如實)히 수행하여 모든 중생과 함께 하는 분들께

귀명(歸命)하오니

---

2) 무량공덕장 여실수행등(無量功德藏 如實修行等) : 승보(僧寶)에 대한 찬탄이다. 하지만 이에서의 승보(僧寶)는 보살(菩薩)들을 말한 것으로 보아야 할 것이니, 보살들은 자리이타(自利利他)의 무량(無量)한 공덕(功德)을 지을 수 있어 무량한 공덕을 갖출 수 있기 때문이다. 그리고 그렇게 하는 것이 바로 여실(如實)히 수행하는 것이기도 하고 모든 중생과 함께 하는 것이기도 하다. 원효스님은 '무량공덕장(無量功德藏)'은 덕(德)을 들어 사람을 말한 것이고, '여실수행등(如實修行等)'은 그 행덕(行德)을 찬탄한 것이라고 하며 이에서의 '등(等)'은 불(佛)이 중생과 함께 하며 중생을 제도하는 것과 같은 후득지(後得智)의 행(行)으로 보았다.

* 비구(比丘) 비구니(比丘尼)의 집단은 비구승가(比丘僧伽 bhikṣusaṃgha) 비구니승가(比丘尼僧伽 bhikṣunisaṃgha)라고 하여 상가(saṃgha)라고 하였지만, 보살들의 집단은 이와 구분하여 보디사트바가나(bodhisattvagaṇa)라고 하였으니 대승경전에서의 보살승(菩薩僧)이란 이를 말한 것으로 보아야 할 것이다.

논(論)을 짓는 목적

爲欲令衆生　除疑捨邪執
위욕령중생　제의사사집

起大乘正信　佛種[1]不斷故.
기대승정신　불종 부단고.

발기서(發起序)

논(論)의 이유와 구성

論曰 有法能起摩訶衍[2]信根, 是故應說.
논왈 유법능기마하연 신근, 시고응설.

說有五分 云何爲五.
설유오분 운하위오.

一者 因緣分, 二者 立義分, 三者 解釋分, 四者 修行信心分, 五
일자 인연분, 이자 입의분, 삼자 해석분, 사자 수행신심분, 오

者 勸修利益分.
자 권수이익분.

---

1) 불종(佛種) : 불(佛)이 될 수 있는 종자(種子)를 말한다.
2) 마하연(摩訶衍) : 범어(梵語) 마하-야-나(Mahāyāna)의 음역이다. '마하-(mahā)'는 '크다', '야-나(yāna)'는 '(수레 같은) 탈 것'을 뜻하는 말이기에

논(論)을 짓는 목적

중생들에게 의혹을 없애고 삿된 집착을 버리며

대승(大乘)의 바른 믿음을 일으켜 불종(佛種)을 끊지 않도록 하고자 하기 위한 까닭이다.

발기서(發起序)

논(論)의 이유와 구성

논(論)에 법(法)이 있어 능히 마하연(摩訶衍)의 신근(信根)을 일으킨다고 하였으니, 이 까닭으로 응당 설하는 것이다.

설함에 오분(五分)이 있으니 어떤 것이 다섯 가지인가.

첫째는 인연분(因緣分)이요, 둘째는 입의분(立義分)이며, 셋째는 해석분(解釋分)이며, 넷째는 수행신심분(修行信心分)이며, 다섯째는 권수이익분(勸修利益分)이다.

대승(大乘)이라 번역하였다. 대승불교를 일으킨 사람들은 부처님의 가르침을 '(수레 같은) 탈 것'에 비유하여 모두 다 같이 타고 부처님과 같은 길을 가고자 하여 그들 자신이 하고자 했던 불교를 이렇게 불렀던 것이다.

正 宗 分

<이 논(論)의 본론(本論)>

<인도 사르나드박물관 소장 불상>

I. 인연분(因緣分)

一. 논(論)을 짓는 인연

初說因緣分.
초설인연분.

問曰. 有何因緣 而造此論.
문왈. 유하인연 이조차론.

答曰. 是因緣有八種 云何爲八.
답왈. 시인연유팔종 운하위팔.

一者, 因緣總相, 所謂 爲令衆生 離一切苦 得究竟樂, 非求世間名
일자, 인연총상, 소위 위령중생 이일체고 득구경락, 비구세간명

利恭敬故.
리공경고.

二者, 爲欲解釋如來根本之義 令諸衆生正解不謬故.
이자, 위욕해석여래근본지의 영제중생정해불류고.

三者, 爲令善根成熟衆生 於摩訶衍法 堪任不退信故.
삼자, 위령선근성숙중생 어마하연법 감임불퇴신고.

I. 인연분(因緣分)

一. 논(論)을 짓는 인연

처음에는 인연분(因緣分)을 설한다.

묻는다. 어떠한 인연(因緣)이 있어 이 논(論)을 짓는가.

답한다. 이 인연(因緣)에는 여덟 가지가 있으니 어떠한 것이 여덟 가지인가.

첫째, 인연(因緣)의 총상(總相)이니, 소위 중생들에게 모든 괴로움을 떠나 구경(究竟)의 즐거움을 얻도록 하기 위함이요, 세간(世間)의 명리(名利)나 공경(恭敬)을 구하고자 하는 까닭이 아니다.

둘째, 여래(如來)의 근본 뜻을 해석하여 모든 중생에게 바르게 알아 그르치지 않게 하려는 까닭이다.

셋째, 선근(善根)이 성숙(成熟)한 중생에게 마하연(摩訶衍)의 법(法)에 있어서 퇴전(退轉)치 않는 믿음을 감임(堪任)하도록 하기 위함이다.

四者, 爲令善根微少衆生 修習信心故.
사자, 위령선근미소중생 수습신심고.

五者, 爲示方便 消惡業障 善護其心 遠離癡慢 出邪網故.
오자, 위시방편 소악업장 선호기심 원리치만 출사망고.

六者, 爲示修習止觀[1] 對治凡夫二乘[2]心過故.
육자, 위시수습지관 대치범부이승 심과고.

七者, 爲示專念方便 生於佛前 必定不退信心故.
칠자, 위시전념방편 생어불전 필정불퇴신심고.

八者, 爲示利益 勸修行故.
팔자, 위시이익 권수행고.

有如是等因緣 所以造論.
유여시등인연 소이조론.

---

1) 지관(止觀) : 지(止 śamatha)는 모든 상념(想念)을 그쳐서 마음이 적정(寂靜)의 상태로 됨, 관(觀 vipaśyanā)은 만법(萬法)을 비추어 봄. 정(定)·혜(慧)를 닦는 두 가지의 법인데 뒤에 자세히 나온다.
2) 이승(二乘) : 이에선 소승(小乘)인 성문(聲聞)과 연각(緣覺)을 말한다. 성문(聲聞)이란 범어 śrāvaka 의 번역으로 원래는 석존의 음성을 직접 들은 제자를 말하였으나, 후에는 같이 수행하는 대중과는 함께 하되 석존의 교법에 의하여 번뇌를 다 끊고 아라한(阿羅漢)이 되고자 하는 이들을 말했다. 연각(緣覺)이란 pratyeka-buddha 의 번역인데 벽지불(辟支佛)이라고도 하니,

넷째, 선근(善根)이 미약하고 적은 중생에게 신심(信心)을 수습(修習)하게 하려는 까닭이다.

다섯째, 방편(方便)을 보여 악(惡)한 업장(業障)을 없애고 그 마음을 잘 보호하여 치만(癡慢)을 멀리 여의고 삿된 그물에서 벗어나게 하기 위한 까닭이다.

여섯째, 지관(止觀)을 수습(修習)함을 보여 범부(凡夫)와 이승(二乘)의 마음의 허물을 대치(對治)하기 위한 까닭이다.

일곱째, 전념(專念)의 방편(方便)을 보여 부처님 앞에 태어나 반드시 결정코 신심(信心)을 퇴전(退轉)치 않게 하기 위한 까닭이다.

여덟째, 이익(利益)을 보여 수행(修行)을 권하기 위한 까닭이다.

이들과 같은 인연(因緣)이 있으니 이것이 이 논(論)을 짓는 이유이다.

대중을 떠나 조용한 곳을 찾아 혼자 또는 몇이서 피는 꽃 떨어지는 잎 등 연기(緣起)를 관찰하여 번뇌를 다 끊고 아라한(阿羅漢)이 되고자 하는 이들을 말했다. 이들은 다 소승적인 입장에서 자신들의 번뇌를 끊는 것으로 극과(極果)를 삼았기에 중생을 위한 대비원행(大悲願行)이 없었으므로 소승(小乘)이라고 불렸던 것이다. 아라한(阿羅漢)이란 말은 본래 온갖 번뇌를 다 끊고 복덕(福德)과 지혜(智慧)를 구족하여 널리 남의 공양을 받을만 하다는 뜻에서 불(佛)의 존칭(尊稱) 중 하나로 쓰인 말이었으나, 이때엔 자신들의 번뇌를 다 끊었다는 경지에 이른 사람을 뜻하는 말이었다.

二. 논(論)의 특색

問曰. 修多羅[1]中 具有此法 何須重說.
문왈. 수다라 중 구유차법 하수중설.

答曰. 修多羅中 雖有此法 以衆生根行不等 受解緣別.
답왈. 수다라중 수유차법 이중생근행부등 수해연별.

所謂 如來在世 衆生利根 能說之人[2] 色心業勝 圓音[3] 一演 異類等解
소위 여래재세 중생이근 능설지인 색심업승 원음 일연 이류등해

則不須論.
즉불수론.

---

1) 수다라(修多羅) : 범어 sūtra 의 음역(音譯)이니 경(經)을 말한다.
2) 능설지인(能說之人) : 능설(能說)은 설하는 쪽을 말하니, 이에선 부처님을 말한다.
3) 원음(圓音) : 원만(圓滿)한 소리라는 뜻인데, 이에선 부처님의 말씀을 말한다.

二. 논(論)의 특색

 묻는다. 수다라(修多羅) 중에 이 법(法)이 갖추어져 있거늘 무엇 때문에 거듭 설하는가.

 답한다. 수다라(修多羅) 중에 비록 이 법(法)이 있으나, 중생의 근행(根行)이 고르지 않아 받아들여 이해하는 연(緣)이 다르다.

소위 여래(如來)께서 세상에 계심에는 중생도 이근(利根)이고 부처님께서도 색신(色身)과 마음의 업(業)이 수승(殊勝)하여 원음(圓音)으로 한번 연설(演說)하시면 이류(異類)가 같이 알아들어 논(論)을 필요로 하지 않았다.

若如來滅後, 或有衆生 能以自力 廣聞而取解者, 或有衆生 亦以自
약여래멸후, 혹유중생 능이자력 광문이취해자, 혹유중생 역이자

力 少聞而多解者, 或有衆生 無自心力 因於廣論 而得解者, 亦有衆
력 소문이다해자, 혹유중생 무자심력 인어광론 이득해자, 역유중

生 復以廣論文多爲煩 心樂總持[1]少文 而攝多義 能取解者.
생 부이광론문다위번 심락총지 소문 이섭다의 능취해자.

如是 此論 爲欲總攝如來廣大深法無邊義故 應說此論.
여시 차론 위욕총섭여래광대심법무변의고 응설차론.

---

1) 총지(總持) : 범어 *dhāraṇī* 의 번역인데 음역(音譯)하여선 다라니(陀羅尼)라고 쓴다. 부처님의 교법(敎法) 의리(義理) 등을 다 지니어 잃지 않는 것을 말한다. 후에는 이런 기억의 형식이 송주(誦呪)와 비슷하게 됨에 주(呪)와 혼동되어 주(呪)를 다라니라고 부르게도 되었다. 이에서는 뜻을 함축하고 있는 표현 정도로 이해하면 될 것이다.

만약 여래(如來)의 멸후(滅後)라면, 혹은 자신의 힘으로 널리 듣고 알아들을 수 있는 중생도 있고, 혹은 또한 자신의 힘으로 적게 들어도 알아듣는 것이 많은 중생도 있으며, 혹은 스스로의 심력(心力)이 없어 널리 설한 논(論)을 인하여 알아듣는 중생도 있으며, 또한 다시 널리 설한 논(論)에 글이 많은 것을 번거롭게 여겨 총지(總持)의 글이 적으나 많은 뜻을 거두고 있음을 마음으로 즐겨 알아들을 수 있는 중생도 있다.

이와 같아 이 논(論)은 여래의 광대(廣大)하고 깊은 법(法)의 무변(無邊)한 뜻을 총섭(總攝)하고자 하기 위한 까닭이니 응당 이 논(論)을 설하는 것이다.

Ⅱ. 입의분(立義分)

一. 대승의 두 가지, 법(法)과 의(義)

已說因緣分, 次說立義分.
이설인연분, 차설입의분.

摩訶衍者 總說有二種 云何爲二, 一者 法,[1] 二者 義.[2]
마하연자 총설유이종 운하위이, 일자 법, 이자 의.

二. 대승의 법(法), 일심이문(一心二門)

所言法者 謂衆生心 是心則攝一切世間法出世間法,[3] 依於此心
소언법자 위중생심 시심즉섭일체세간법출세간법,   의어차심

顯示摩訶衍義. 何以故, 是心 眞如相 卽示摩訶衍體故, 是心 生滅
현시마하연의. 하이고, 시심 진여상 즉시마하연체고, 시심 생멸

因緣相 能示摩訶衍自體相用故.[4]
인연상 능시마하연자체상용고.

---

1) 법(法) 2) 의(義) : 이에서의 법(法)이란 문맥상으로 보아 대승이란 어떤 것인가 하는 뜻이요, 의(義)란 대승이란 어떤 의미를 가졌는가 하는 뜻이다.
 3) 시심즉섭일체세간법출세간법(所言法者 謂衆生心 是心則攝一切世間法出世間法) : 대승을 중생심(衆生心)이라 하고 모든 세간 출세간의 법을 거두기

Ⅱ. 입의분(立義分)

一. 대승(大乘)의 두 가지, 법(法)과 의(義)

이미 인연분(因緣分)을 설하였으니, 다음에는 입의분(立義分)을 설한다.

마하연(摩訶衍)이라는 것은 총설(總說)하면 두 가지가 있으니 어떤 것이 두 가지인가. 첫째는 법(法)이고, 둘째는 의(義)이다.

二. 대승의 법(法), 일심이문(一心二門)

법(法)이라 하는 것은 중생심(衆生心)을 이르는 것이니 이 마음은 곧 일체(一切)의 세간(世間) 출세간(出世間)의 법(法)을 거둠이라, 이 마음에 의하여 마하연(摩訶衍) <즉 대승(大乘)>의 뜻을 현시(顯示)한다. 왜냐하면, 이 마음의 진여상(眞如相)은 곧 마하연(摩訶衍)의 체(體)를 보이는 까닭이며, 이 마음의 생멸인연상(生滅因緣相)은 능히 마하연(摩訶衍)의 자체(自體)의 상(相)과 용(用)을 보이는 까닭이다.

때문이라 한 것은 이 마음으로 대승의 의미를 밝힐 수 있기에 이른 말이다.
 4) 중생심을 진여상(眞如相)과 생멸인연상(生滅因緣相)으로 말한 것은 일심(一心)을 이문(二門)으로 나누어 말한 것이니, 전자(前者)를 진여문(眞如門)이라고 하고 후자(後者)를 생멸문(生滅門)이라고도 한다.

三. 대승의 의(義), 삼대(三大)

所言義者 則有三種 云何爲三.
소언의자 즉유삼종 운하위삼.

一者 體大,[1] 謂 一切法 眞如平等 不增減故.
일자 체대, 위 일체법 진여평등 부증감고.

二者 相大,[2] 謂 如來藏[4] 具足無量性功德故.
이자 상대, 위 여래장 구족무량성공덕고.

三者 用大,[3] 能生一切世間出世間善因果故, 一切諸佛 本所乘故,
삼자 용대, 능생일체세간출세간선인과고, 일체제불 본소승고,

一切菩薩 皆乘此法 到如來地故.
일체보살 개승차법 도여래지고.

---

1) 체대(體大) 2) 상대(相大) 3) 용대(用大) : 체(體)는 근본이 되는 그 자체(自體), 상(相)은 그 모습 속성(屬性), 용(用)은 작용을 말한다. 이에 각기 '크다<대(大)>'라는 말을 붙인 것은 제법(諸法)에 두루 할 뿐만 아니라 그 덕상(德相) 기능(機能) 등이 불가사의하고 한량없기 때문이다. 뒤에 자세히 나오지만 기신론의 이런 설명을 삼대(三大)라고 한다. 경론(經論)엔 이렇게 사물을 체(體)·상(相)·용(用)의 세 가지 측면으로 파악한 것이 많이 나오는데 이것은 고대 인도대륙에서 사물을 파악하던 방법이었다.
 4) 여래장(如來藏) : 범어 *tathāgata-garbha* 의 번역인데, 번뇌에 덮여 있되 본래 자성(自性)이 청정(淸淨)한 중생의 여래법신(如來法身)을 말한다.

三. 대승의 의(義), 삼대(三大)

의(義)라고 말하는 것엔 곧 세 가지가 있으니 어떤 것이 세 가지인가.

첫째는 체(體)가 크다<체대(體大)>는 것이니, 일체법(一切法)의 진여(眞如)가 평등하고 증감(增減)하지 않기 때문에 이르는 것이다.

둘째는 상(相)이 크다<상대(相大)>는 것이니, 여래장(如來藏)이 무량(無量)한 <여래(如來)> 본성(本性)의 공덕(功德)을 구족(具足)하고 있기 때문에 이르는 것이다.

셋째는 용(用)이 크다<용대(用大)>는 것이니, 능히 일체(一切)의 세간(世間)과 출세간(出世間)의 선(善)한 인과(因果)를 내기 때문이라, 일체(一切)의 제불(諸佛)께서 본래 타신 바이기 때문이며, 모든 보살(菩薩)이 다 이 법(法)을 타고 여래의 경지에 도달하기 때문이다.

일반적으론 진여(眞如)라고 많이 쓰지만, 불(佛)의 경우에는 법신(法身)이라고 하고, 중생의 경우에는 여래장(如來藏)이라고 한다.

	이문(二門)	삼대(三大)	
일심(一心)	진여문(眞如門)	체대(體大)	* 본체(本體)
		상대(相大)	
	생멸문(生滅門)	용대(用大)	* 현상(現象)

Ⅲ. 해석분(解釋分)

一. 총설(總說)

已說立義分, 次說解釋分.
이설입의분, 차설해석분.

解釋分 有三種 云何爲三. 一者 顯示正義,[1] 二者 對治邪執,[2] 三
해석분 유삼종 운하위삼. 일자 현시정의, 이자 대치사집, 삼

者 分別發趣道相.[3]
자 분별발취도상.

---

 1) 현시정의(顯示正義) : 바른 뜻을 드러내 보인다는 부분으로 이문(二門)과 삼대(三大)를 해설하였다.
 2) 대치사집(對治邪執) : 삿된 집착 즉 인집(人執)과 법집(法執)의 대치(對治)를 설명한 부분이다.
 3) 분별발취도상(分別發趣道相) : 보살들이 발심수행(發心修行)하여 불(佛)의 경지(境地)로 취향(趣向)하는 도정(道程)을 말한 부분이다.

Ⅲ. 해석분(解釋分)

一. 총설(總說)

이미 입의분(立義分)을 설하였으니, 다음에는 해석분(解釋分)을 설한다.

해석분(解釋分)에는 세 가지가 있으니 어떤 것이 세 가지인가. 첫째는 바른 뜻을 현시(顯示)함이요, 둘째는 삿된 집착(執着)을 대치(對治)함이요, 셋째는 발심취향(發心趣向)의 도상(道相)을 분별(分別)함이다.

현시정의(顯示正義)의 논리 전개

일심(一心)	이문(二門)	심진여(心眞如)	이언진여(離言眞如)			
			의언진여(依言眞如)			
		심생멸(心生滅)	심생멸(心生滅)	아리야식(阿梨耶識)	각(覺)	시각(始覺)
						본각(本覺)
					불각(不覺)	근본불각(根本不覺)
						지말불각(枝末不覺)
			생멸의 인연	심(心) 의(意) 식(識)		
			생멸의 상(相)	이상(二相)	세상(細相)	
					추상(麤相)	
				이훈습(二熏習)	염법훈습(染法熏習)	
					정법훈습(正法熏習)	
	삼대(三大)	체대(體大)	법신(法身)			
		상대(相大)				
		용대(用大)	보신(報身)			
			응신(應身)			

二. 현시정의(顯示正義)

1. 이문(二門)

顯示正義者 依一心法 有二種門[1] 云何爲二.
현시정의자 의일심법 유이종문 운하위이.

一者 心眞如門, 二者 心生滅門. 是二種門 皆各總攝一切法, 此義
일자 심진여문, 이자 심생멸문. 시이종문 개각총섭일체법, 차의

云何, 以是二門不相離[2]故.
운하, 이시이문불상리 고.

2. 심진여문(心眞如門)

1) 이언진여(離言眞如)

---

1) 의일심법 유이종문(依一心法 有二種門) : 일심법(一心法)에서의 법(法)과 이종문(二種門)에서의 문(門)은 서로 대비하여 쓴 말이리니, 일심법(一心法)은 <일심(一心)의 법(法)>이라고 보기보다는 일심(一心)의 본체적인 면을 말한 것으로 보고, 이종문(二種門)은 일심(一心)의 두 가지 면을 말한 것으로 보는 것이 타당할 것이다.

二. 현시정의(顯示正義)

1. 이문(二門)

바른 뜻을 현시(顯示)한다는 것은 일심법(一心法)에 의하여 두 가지의 문(門)이 있으니 어떤 것이 두 가지인가.

첫째는 심진여문(心眞如門)이고, 둘째는 심생멸문(心生滅門)이다. 이 두 가지의 문(門)은 다 각각 일체법(一切法)을 총섭(總攝)하니, 이 뜻은 어떠한가, 이 두 가지의 문(門)은 서로 여의지 않는 까닭이다.

2. 심진여문(心眞如門)

1) 이언진여(離言眞如)

---

2) 불상리(不相離) : 심진여(心眞如)란 중생심(衆生心)의 본바탕으로 불변(不變)하는 진여(眞如)의 본체적(本體的)인 면을 말하는 것이고, 심생멸(心生滅)이란 진여가 수연(隨緣) 즉 인연을 따르는 생멸적(生滅的)인 면을 말하는 것이니, 이 두 가지의 면이 불가분(不可分)의 관계에 있음을 말한 것이다.

心眞如者　卽是一法界大總相法門體,[1]　所謂　心性　不生不滅　一切
심진여자　즉시일법계대총상법문체,　　소위　심성　불생불멸　일체

諸法　唯依妄念　而有差別　若離妄念　則無一切境界之相.
제법　유의망념　이유차별　약리망념　즉무일체경계지상.

是故　一切法　從本已來　離言說相,[2]　離名字相,[3]　離心緣相,[4]　畢竟平
시고　일체법　종본이래　이언설상,　　이명자상,　　이심연상,　　필경평

等, 無有變異, 不可破壞, 唯是一心, 故名眞如.
등, 무유변이, 불가파괴, 유시일심, 고명진여.

以一切言說　假名無實　但隨妄念　不可得故,　言眞如者　亦無有相
이일체언설　가명무실　단수망념　불가득고,　언진여자　역무유상

謂言說之極　因言遣言.[5]
위언설지극　인언견언.

---

1) 일법계대총상법문체(一法界大總相法門體) : 진여(眞如)를 말한 것이다. 일법계(一法界)는 절대유일(絶對唯一)의 세계를 말하는 것이니 제법(諸法)은 다 진여를 그 바탕으로 하고 있다는 뜻에서, 대총상(大總相)은 진여가 모든 사물에 일미평등(一味平等)하여 차별이 없다는 전체적이고 보편적인 면에서, 법문(法門)은 진여가 모든 수행자에게 바른 신해(信解)를 내게 하여 열반(涅槃 nirvāṇa)에 들 수 있게 한다는 뜻에서 이른 말이며, 체(體)란 그런 본체(本體)라는 뜻에서 이른 말이라고 보면 될 것이다.
 * 대승에서의 열반이란 소승에서와는 달리 번뇌를 끊고 열반을 얻는다는 식의 열반이 아니라 본래의 이치 자리로 돌아가 그 어떤 것에도 걸림이 없는 자유자재한 경지를 말한다.

심진여(心眞如)라는 것은 곧 일법계대총상법문체(一法界大總相法門體)이니, 소위 마음의 본성은 불생불멸(不生不滅)이라 일체(一切)의 제법(諸法)은 오로지 망념(妄念)에 의해 차별이 있기에 만약 망념(妄念)을 여의면 곧 모든 경계(境界)의 상(相)이 없다.

이 까닭으로 일체법(一切法)은 본래부터 <그 근본이 진여(眞如)이기에> 언설(言說)의 상(相)을 여의었으며, 명자(名字)의 상(相)을 여의었으며, 심연(心緣)의 상(相)을 여의었으며, 필경 평등하며, 변이(變異)가 없으며, 파괴할 수 없으며, 오로지 이 일심(一心)이라, 그러므로 진여(眞如)라고 한다.

일체(一切)의 언설(言說)은 가명(假名)이요 실체(實體)가 없으며 단지 망념(妄念)을 따를 뿐이라 <그 실체(實體)를> 가히 얻을 수 없기 때문이니, 진여(眞如)라고 말하는 것도 또한 모양이 없어 언설(言說)로 나타낼 수 있는 궁극적인 것을 말함이라 <가장 궁극적인 최선의 표현이기에> 이 말을 인하여 다른 말을 보내는 것이다.

---

2) 이언설상(離言說相) : 진여(眞如)라는 것은 언설(言說)로 나타낼 수도 없고, 3) 이명자상(離名字相) : 명자(名字)로 나타낼 수도 없으며, 4) 이심연상(離心緣相) : 마음으로 사변(思辨)할 수도 없다는 뜻이다. 이렇게 진여는 언어문자(言語文字)로써 표현할 수도 없고 어떻다고 생각할 수도 없기에 이런 면에서 진여를 말할 때 이언진여(離言眞如)라고 한다.
5) 언진여자 역무유상 위언설지극 인언견언(言眞如者 亦無有相 謂言說之極 因言遣言) : 진여(眞如)는 본래 언설(言說)로 나타낼 수 없는 것이나, 또한 언설로 나타내지 않으면 언설로 나타낼 수 없는 진여에 깨달아 들어갈 수 없으니, 그 궁극적인 표현으로 진여라는 말을 써서 언설로 나타낼 수 없는 진여를 나타낸다는 것이다.

此眞如體 無有可遣 以一切法悉皆眞故, 亦無可立 以一切法皆同
차진여체 무유가견 이일체법실개진고, 역무가립 이일체법개동

如故.¹⁾ 當知, 一切法 不可說不可念故 名爲眞如.²⁾
여고. 당지, 일체법 불가설불가념고 명위진여.

問曰. 若如是義者 諸衆生等 云何隨順 而能得入.
문왈. 약여시의자 제중생등 운하수순 이능득입.

答曰. 若知一切法 雖說 無有能說可說 雖念 亦無能念可念[3)] 是
답왈. 약지일체법 수설 무유능설가설 수념 역무능념가념 시

名隨順, 若離於念 名爲得入.
명수순, 약리어념 명위득입.

---

1) 차진여체 무유가견 이일체법실개진고 역무가립 이일체법개동여고(此眞如體 無有可遣 以一切法悉皆眞故, 亦無可立 以一切法皆同如故) : 진여(眞如)는 일체법(一切法)의 본체(本體)이기에 유형(有形)의 것이든지 무형(無形)의 것이든지 그 어떤 사물도 진여(眞如)를 떠나있는 것이 없다. 진여는 일체법에 두루 하는 것이다. 그렇기 때문에 진여(眞如)의 체(體)는 어딘가 다른 곳으로 보낼 수 없다고 한 것이다. 그렇다고 하여 진여라는 것이 어딘가에 어떤 형태로든 따로 있는 것도 아니다. 그렇기 때문에 진여는 이런 것이니 저런 것이니 하여 따로 세울 수 없다고 한 것이다. 이에서는 진(眞)과 여(如)로 나누어 말했는데 그렇다고 진(眞)과 여(如)가 서로 다른 별개의 것이 아니니, 표현에 너무 구애되지 말고 다 진여(眞如)로 보면 될 것이다.

이 진여(眞如)의 체(體)는 <어딘가로 따로> 보낼 수 없으니 일체법(一切法)이 모두 다 진(眞)인 까닭이며, 또한 <따로> 세울 수도 없으니 일체법(一切法)이 모두 같이 여(如)인 까닭이다. 마땅히 알지니, <진여(眞如)인> 일체법(一切法)은 설할 수도 없고 생각할 수도 없기에 이 까닭으로 이름을 진여(眞如)라고 하는 것이다.

묻는다. 만약 그와 같은 뜻이라면 온갖 중생이 어떻게 수순(隨順)하여 <진여(眞如)에 깨달아> 들어갈 수 있는가.

답한다. 만약 일체법(一切法)이 <본래 일체법(一切法)이란 나름대로 이름에 따른 그런 것이 따로 있는 것이 아니기에> 비록 설한다고 하여도 설한다는 것도 설해진다는 것도 없고 비록 생각한다고 하여도 생각한다는 것도 생각되어진다는 것도 없음을 알면 이것을 <진여(眞如)를 따르는> 수순(隨順)이라고 하며, 만약 <진여(眞如)에 어긋나는 모든 망령된> 생각을 여의면 <진여(眞如)에 깨달아> 들어간다고 한다.

---

2) 일체법 불가설불가념고 명위진여(一切法 不可說不可念故 名爲眞如) : 일체법(一切法) 즉 모든 사물은 진여(眞如)와 별개로 존재하는 것이 아니다. 진여 그대로 존재하는 것이다. 그렇기 때문에 일체법은 무엇이라고 설할 수도 없고 무엇이라고 생각할 수도 없다는 것이다. 어떻다고 설하는 것도 어떻다고 생각하는 것도 그것은 다 망념(妄念)에 불과할 뿐이다. 일체법의 실상(實相)이 이렇기에 그것을 진여(眞如)라고 한다는 것이다.
3) 수설 무유능설가설 수념 역무능념가념(雖說 無有能說可說 雖念 亦無能念可念) : 일체법(一切法)은 비록 설한다고 하여도 설할만한 것도 설해질만한 것도 없고, 비록 생각한다고 하여도 생각할만한 것도 생각될만한 것도 없다는 뜻이다. 일체법은 그 어떤 것이라고 하든지 나름대로의 실체(實體)가 없기 때문이다.

2) 의언진여(依言眞如)

復次 此眞如者 依言說分別[1] 有二種義 云何爲二.
부차 차진여자 의언설분별 유이종의 운하위이.

一者 如實空[2] 以能究竟顯實故, 二者 如實不空[3] 以有自體具足
일자 여실공 이능구경현실고, 이자 여실불공 이유자체구족

無漏[4]性功德故.
무루 성공덕고.

(1) 여실공(如實空)

所言空者 從本已來 一切染法[5] 不相應故 謂離一切法差別之相,
소언공자 종본이래 일체염법 불상응고 위리일체법차별지상,

以無虛妄心念故.
이무허망심념고.

---

1) 차진여자 의언설분별(此眞如者 依言說分別) : 진여라는 것은 어떻게 나타낼 수 없는 것이지만, 진여를 알게 하기 위하여서는 억지로라도 언어문자(言語文字)를 빌려 나타내지 않으면 안 되니, 이렇게 언어문자를 빌려 진여를 나타낼 때 이를 의언진여(依言眞如)라고 한다.
2) 여실공(如實空) : 진여의 체성(體性)은 온갖 생각이나 언설을 초월하여 있는 절대적인 것이므로 생각도 언설도 떠나있다는 뜻에서 이른 말이니, 단순히 한 물건도 없이 비었다는 뜻이 아니라 이런 진여의 모습을 그대로 표현하고자 이른 말이다.

2) 의언진여(依言眞如)

또한 이 진여(眞如)라는 것은 언설(言說)에 의하여 분별함에 두 가지의 뜻이 있으니 어떤 것이 두 가지인가.

첫째는 여실공(如實空)이니 능히 구경(究竟)에 진실(眞實)을 나타내는 까닭이며, 둘째는 여실불공(如實不空)이니 자체(自體)에 무루(無漏)인 본성(本性)의 공덕(功德)을 구족(具足)하고 있는 까닭이다.

(1) 여실공(如實空)

이른 바 공(空)이란 것은 본래부터 일체(一切)의 염법(染法)이 상응(相應)하지 않기 때문에 일체법(一切法)의 차별(差別)의 상(相)을 떠난 것을 말하니, 허망한 심념(心念)이 없기 때문이다.

---

3) 여실불공(如實不空) : 진여는 온갖 생각 언설을 초월하여 생각할 수도 표현할 수도 없지만, 그것은 참으로 있는 것이며 온갖 무루(無漏)의 성능(性能)을 구비하였기에 이른 말이다.
4) 무루(無漏) : 누(漏)는 누설(漏泄)의 뜻으로 번뇌를 뜻하니, 무루(無漏)는 번뇌가 없는 것을 말한다. 번뇌가 있는 경우는 유루(有漏)라고 한다.
5) 염법(染法) : 악성(惡性)과 유루(有漏) 그리고 선(善)도 아니고 악(惡)도 아닌 무기(無記)의 제법(諸法)을 말한다.

Ⅲ. 해석분(解釋分)

當知, 眞如自性 非有相 非無相, 非非有相 非非無相, 非有無俱
당지, 진여자성 비유상 비무상, 비비유상 비비무상, 비유무구

相, 非一相非異相, 非非一相 非非異相, 非一異俱相,[1] 乃至總說
상, 비일상비이상, 비비일상 비비이상, 비일이구상, 내지총설

依一切衆生 以有妄心念念分別 皆不相應 故說爲空, 若離妄心 實
의일체중생 이유망심염념분별 개불상응 고설위공, 약리망심 실

無可空故.[2]
무가공고.

(2) 여실불공(如實不空)

所言不空者 已顯法體空無妄故 卽是眞心 常恒不變 淨法滿足 故
소언불공자 이현법체공무망고 즉시진심 상항불변 정법만족 고

名不空, 亦無有相可取 以離念境界 唯證相應故.
명불공, 역무유상가취 이리념경계 유증상응고.

---

1) 비유상(非有相)~비일이구상(非一異俱相) : 상(相)은 모양 모습이라는 뜻이니, 복잡하게 쓰여 있으나 전체적으로 보면 진여자성(眞如自性)은 유·무(有·無) 일·이(一·異) 같은 말로 나타낼 수 있는 것이 아니란 뜻으로 그 어떤 모습으로도 그릴 수 없음을 말한 것이다.
2) 중생에게 망념(妄念)이 있기에 공(空)이란 말을 써서 표현하지만, 망념을 떠나 참으로 공(空)인 그 자리에 계합(契合)하면 공(空)이라고 할 것도 없다는 뜻이다. 공(空)이라고 하여 공(空)이라는 것이 따로 있는 것처럼

마땅히 알지니, 진여(眞如)의 자성(自性)은 유상(有相)도 아니고 무상(無相)도 아니며, 유상(有相)이 아님도 아니고 무상(無相)이 아님도 아니며, 유(有)·무(無)가 함께 있는 상(相)도 아니며, 일상(一相)도 아니고 이상(異相)도 아니며, 일상(一相)이 아님도 아니고 이상(異相)이 아님도 아니며, 일(一)·이(異)가 함께 있는 상(相)도 아니라, 내지 총설(總說)하면 일체의 중생이 망심(妄心)이 있어 염념(念念)의 분별에 의하여 모두 <진여에> 상응(相應)하지 못하기 때문에 공(空)이라고 설하니, 만약 망심(妄心)을 떠나면 실로 공(空)이라고 할 것도 없기 때문이다.

(2) 여실불공(如實不空)

이른 바 불공(不空)이란 것은 이미 법체(法體)가 공(空)하여 망령됨이 없음을 나타내기에 곧 이 <망령됨이 없는> 진심(眞心)은 항상 하여 변하지 않고 정법(淨法)이 만족하기 때문에 불공(不空)이라고 하며, 또한 상(相)이 있어 취할 수 있는 것도 없기에 망념(妄念)을 여읜 <진여(眞如)의> 경계는 오로지 증득(證得)해야만 서로 응하기 때문이다.

생각하거나, 공(空) 그 자체에 빠져버린다면, 그런 것은 다 망념(妄念)의 소산(所産)이다.

	이언진여(離言眞如)	
심진여(心眞如)	의언진여(依言眞如)	여실공(如實空)
		여실불공(如實不空)

3. 심생멸문(心生滅門)

1) 심생멸(心生滅)

(1) 아리야식(阿梨耶識)

心生滅者 依如來藏故 有生滅心, 所謂 不生不滅與生滅和合 非
심생멸자 의여래장고 유생멸심, 소위 불생불멸여생멸화합 비

一非異 名爲阿梨耶識. 此識 有二種義, 能攝一切法 生一切法.
일비이 명위아리야식. 차식 유이종의, 능섭일체법 생일체법.

云何爲二. 一者 覺義, 二者 不覺義.[1)]
운하위이. 일자 각의, 이자 불각의.

---

1) 심생멸(心生滅)이란 마음의 본체인 불변(不變)의 진여(眞如)가 인연을 따라 생멸(生滅)하는 면을 말한다. 여래장(如來藏)이란 번뇌에 덮여 있는 본래 청정한 중생의 여래법신(如來法身)을 말하니, 이에 의하기에 불생불멸(不生不滅)인 면과 생멸(生滅)의 면이 같이 있어 이 두 가지의 면은 하나도 아니요 그렇다고 하여 서로 다른 것도 아니니 이렇게 존재하는 마음을 아리야식(阿梨耶識)이라고 한다는 것이다. 다시 말하면 진여인 마음이

3. 심생멸문(心生滅門)

1) 심생멸(心生滅)

(1) 아리야식(阿梨耶識)

 심생멸(心生滅)이란 것은 여래장(如來藏)을 의지하기 때문에 생멸심(生滅心)이 있는 것이니, 소위 불생불멸(不生不滅)이 생멸(生滅)과 화합하여 하나도 아니고 다른 것도 아니라 이름을 아리야식(阿梨耶識)이라고 한다. 이 식(識)에는 두 가지의 뜻이 있으니, 능히 일체법(一切法)을 거두기도 하고 일체법(一切法)을 내기도 한다.
 어떤 것이 두 가지인가. 첫째는 각(覺)의 뜻이요, 둘째는 불각(不覺)의 뜻이다.

 무명(無明) 같은 번뇌에 덮여 그로 인하여 온갖 생멸심(生滅心)이 나는 것이라 진여심(眞如心)과 생멸심(生滅心)은 하나도 아니고 그렇다고 하여 서로 다른 것도 아닌 상태로 존재한다는 것이니, 아리야식(阿梨耶 Ālaya 識)은 결국 이 두 가지의 마음이 함께 있다는 것이다. 그렇기에 또한 아리야식에는 각(覺)과 불각(不覺)의 두 가지 면이 있다고 한 것이다.

(2) 각(覺)

① 본각(本覺)과 시각(始覺)

所言覺義者 謂心體離念, 離念相者 等虛空界 無所不遍 法界一
소언각의자 위심체리념, 이념상자 등허공계 무소불변 법계일

相 卽是如來平等法身, 依此法身 說名本覺.[1] 何以故 本覺義者
상 즉시여래평등법신, 의차법신 설명본각.   하이고 본각의자

對始覺[2]義說 以始覺者 卽同本覺. 始覺義者 依本覺故 而有不覺,
대시각 의설 이시각자 즉동본각. 시각의자 의본각고 이유불각,

依不覺故 說有始覺.
의불각고 설유시각.

② 시각(始覺)

불각(不覺), 범부각(凡夫覺)

又以覺心源故 名究竟覺, 不覺心源故 非究竟覺. 此義云何.
우이각심원고 명구경각, 불각심원고 비구경각. 차의운하.

---

1) 본각(本覺) 2) 시각(始覺) : 중생의 마음은 본래는 진여법신(眞如法身)으로 이 자리를 본각(本覺)이라고 한다. 하지만 번뇌에 덮여 있어 미계(迷界)에 있으니 이를 불각(不覺)이라고 하며, 이런 불각(不覺)의 미계(迷界)에서

(2) 각(覺)

① 본각(本覺)과 시각(始覺)

 이른 바 각(覺)의 뜻이란 것은 심체(心體)가 생각을 여읜 것을 말하는 것이니, 생각을 떠난 모습이란 허공계(虛空界)와 같아서 두루 하지 않는 바가 없기에 법계(法界)가 한 모습이라 곧 이것이 여래(如來)의 평등(平等)한 법신(法身)이며, 이 법신(法身)에 의하여 본각(本覺)이라고 설하는 것이다. 왜냐하면 본각(本覺)의 뜻이란 시각(始覺)의 뜻에 대해 설하는 것이니 시각(始覺)이란 곧 본각(本覺)과 같다. 시각(始覺)의 뜻이란 본각(本覺)에 의하기에 불각(不覺)이 있고, 불각(不覺)에 의하기에 시각(始覺)이 있다고 설하는 것이다.

② 시각(始覺)

불각(不覺), 범부각(凡夫覺)

 또한 심원(心源)을 깨닫기에 구경각(究竟覺)이라고 하고, 심원(心源)을 깨닫지 못하기에 구경각(究竟覺)이 아니다. 이 뜻은 어떠한가.

본각(本覺)인 오계(悟界)로 깨달아가는 것을 시각(始覺)이라고 한다. 따라서 시각(始覺)이 완성되면 곧 본각(本覺)이니, 시각(始覺)과 본각(本覺)은 본래 하나이다.

如凡夫人 覺知前念起惡故 能止後念 令其不起, 雖復名覺 卽是不
여범부인 각지전념기악고 능지후념 영기불기, 수부명각 즉시불

覺故.[1]
각고.

상사각(相似覺)

如二乘觀智[2] 初發意菩薩等 覺於念異[3] 念無異相[4] 以捨麤分別
여이승관지   초발의보살등   각어념이   염무이상   이사추분별

執著相故 名相似覺.[5]
집착상고 명상사각.

---

1) 깨달아가는 첫 과정으로 인과(因果)를 자각(自覺)하고 괴로움을 두려워
하여 망념(妄念)을 없애 살(殺)·도(盜)·음(婬) 등 망념(妄念)으로의 업(業)
에 따른 괴로움으로부터 벗어나는 것이다. 깨닫기는 해도 아직은 번뇌를 끊
을만한 지혜가 일어나지 않았기에 불각(不覺)이라고 한다. 범부들의 깨달음
이라고 하여 범부각(凡夫覺)이라고도 한다.
2) 관지(觀智) : 사리(事理)를 관(觀)하는 지혜를 말한다.

범부 같은 사람은 먼저 생각이 악(惡)을 일으킨 것을 깨달아 알기에 능히 <먼저 생각 같은> 뒷생각을 그쳐 <악(惡)을> 일으키지 않게 하니, 비록 다시 각(覺)이라고 하나 곧 이는 불각(不覺)이기 때문이다. <멸상(滅相)을 깨달음>

상사각(相似覺)

<소승(小乘)인 성문(聲聞)과 연각(緣覺)의> 이승(二乘)의 관지(觀智)와 <대승(大乘)에> 처음 뜻을 낸 보살들이라면 망념(妄念)의 변이(變異)를 깨달아 생각에 <탐(貪)·진(瞋)·치(癡) 같은> 변이(變異)의 상(相)이 없어 거친 분별 집착의 상(相)을 버리기 때문에 이것을 상사각(相似覺)이라고 부른다. <이상(異相)을 깨달음>

---

3) 염이(念異) 4) 이상(異相) : 망념(妄念)이 변이(變異)하는 것을 염이(念異)라 하고, 그런 모습을 이상(異相)이라고 한다.
5) 상사각(相似覺) : 성문(聲聞) 연각(緣覺)의 소승(小乘)과 처음 발심(發心)한 보살(菩薩)들의 경우로 아직 완전한 깨달음은 아니지만 깨달음과 비슷하기에 이르는 말이다.

수분각(隨分覺)

如法身菩薩¹⁾等 覺於念住²⁾ 念無住相³⁾ 以離分別麤念相故 名隨
여법신보살 등 각어념주 염무주상 이리분별추념상고 명수

分覺.⁴⁾
분각.

---

1) 법신보살(法身菩薩) : 대승(大乘)에서 보살(菩薩)의 수행위계(修行位階)로 보아 십신(十信) 십주(十住) 십행(十行) 십회향(十廻向)의 위(位)를 지나 십지(十地)의 위(位)에 든 초지(初地) 이상의 보살을 말한다.
2) 염주(念住) 3) 주상(住相) : 염주(念住)는 망념(妄念)이 분별해 낸 대상경계(對象境界)가 실재(實在)하는 듯 집착하기에 이르는 말이며, 주상(住相)은 그런 모습을 말한다.

수분각(隨分覺)

　법신보살(法身菩薩)들의 경우라면 망념(妄念)이 <바깥 경계(境界)에> 집착함을 깨달아 생각에 집착하는 모습이 없으며 <자타(自他)를> 분별(分別)하는 거친 망념(妄念)의 상(相)을 떠나기 때문에 이것을 수분각(隨分覺)이라고 부른다. <주상(住相)을 깨달음>

---

　4) 수분각(隨分覺) : 법신보살(法身菩薩)들은 어느 위(位)에 있든지 모두 각자 자신들의 분(分)에 따라 진여(眞如) 즉 법신(法身)을 깨닫기에 이들의 깨달음을 수분각(隨分覺)이라고 한 것이다.

구경각(究竟覺)

如菩薩地盡[1] 滿足方便[2] 一念相應 覺心初起 心無初相 以遠離微
여보살지진   만족방편   일념상응 각심초기 심무초상 이원리미

細念故 得見心性 心卽常住, 名究竟覺.[3]
세념고 득견심성 심즉상주, 명구경각.

是故 修多羅說 若有衆生 能觀無念者 則爲向佛智故.
시고 수다라설 약유중생 능관무념자 즉위향불지고.

---

 1) 보살지진(菩薩地盡) : 보살지(菩薩地)가 다한다는 것은 보살의 수행위계(修行位階)로 보아 십신(十信) 십주(十住) 십행(十行) 십회향(十廻向)의 위(位)를 지나 그 끝 단계인 십지(十地)의 위(位)에서 제십지(第十地)인 법운지(法雲地)를 마친다는 뜻이다.
 2) 만족방편(滿足方便) : 시각(始覺)을 완성하는 방편을 만족하였다는 것이니, 이것은 시각(始覺)을 위한 보살의 행(行)을 구족하였다는 뜻으로 보면 될 것이다. 뒤에 자세하게 나오지만, 시각(始覺)을 완성하려면 보살의 대표적인 수행법이요 자리이타(自利利他)의 덕목(德目)인 보시(布施) 지계(持戒) 인욕(忍辱) 정진(精進) 선정(禪定) 반야(般若) 등의 바라밀행(波羅蜜行)이 필수적인 것이다. 깨달음이란 결코 가만히 앉아 공부를 한다고 하거나 혜(慧)를 닦는다고 하여 열리는 것이 아니라, 자리이타(自利利他)의 행(行)으로 복덕(福德)과 지혜(智慧)가 함께 구족(具足)되어야 가능한 것임을 말하고 있는 것이다.

구경각(究竟覺)

보살의 십지(十地)가 다한 것과 같은 경우는 <바라밀(波羅蜜) 같은 수행의> 방편을 만족하여 일념(一念)이 <본각(本覺)과> 상응(相應)하여 각심(覺心)이 처음으로 일어나되 마음에 처음이라는 상(相)이 없으니 미세한 생각도 멀리 여의는 까닭에 심성(心性)을 보게 되어 마음이 곧 상주(常住)하니, 이것을 구경각(究竟覺)이라고 부른다. <생상(生相)을 깨달음>

이 까닭으로 수다라(修多羅)에는 설하길 만약 중생이 있어 능히 무념(無念)을 관(觀)할 수 있으면 곧 불지(佛智)로 향하는 것이 되기 때문이라고 하였다.

3) 구경각(究竟覺) : 앞 단계의 수행이 다하면 궁극에 도달할 방편이 다 구족되는 것이니, 그때에는 시각(始覺) 최후의 일념(一念)이 진여(眞如)와 상응(相應)하게 된다. 그리고 그때에는 또한 진여본각(眞如本覺)이 처음 근본무명(根本無明)에 의해 동요되는 즉 망념(妄念)이 처음으로 일어나는 생상(生相)을 깨닫게 되므로 마음의 본성(本性)을 보게 된다. 그러면 그 마음은 한결 같아 상주(常住)라고 할 수 있을 것이다. 이것이 최후의 시각(始覺)이니, 이에서는 시각(始覺)이 그대로 본각(本覺)이 된다.

시각(始覺)의 결어(結語)

又心起者 無有初相[1]可知, 而言知初相者 卽謂無念.[2] 是故 一切
우심기자 무유초상 가지, 이언지초상자 즉위무념. 시고 일체

衆生 不名爲覺 以從本來 念念相續 未曾離念 故說無始無明. 若得
중생 불명위각 이종본래 염념상속 미증리념 고설무시무명. 약득

無念者 則知心相生住異滅[3] 以無念等故 而實無有始覺之異, 以四
무념자 즉지심상생주이멸   이무념등고 이실무유시각지이, 이사

相 俱時而有 皆無自立 本來平等 同一覺故.[4]
상 구시이유 개무자립 본래평등 동일각고.

---

1) 초상(初相) : 망념(妄念)이 처음 일어나는 모습 즉 생상(生相)을 말한다.
2) 심기자 무유초상가지 이언지초상자 즉위무념(心起者 無有初相可知 而 言知初相者 卽謂無念) : 망념(妄念)의 생멸(生滅)은 생(生)이 처음이다. 그러므로 망념의 생(生)의 모습 즉 생상(生相)을 안다고 하면 곧 생상(生相)을 떠나게 되니 망념이 없게 되는 것이라 무념(無念)이 된다.
3) 심상생주이멸(心相生住異滅) : 망념(妄念)의 생(生)·주(住)·이(異)·멸상(滅相)의 사상(四相)을 말한다.
4) 이사상 구시이유 개무자립 본래평등동일각고(以四相 俱時而有 皆無自立 本來平等同一覺故) : 사상(四相)은 일심(一心)을 떠나 따로따로 있는 것이 아니고 동시에 있는 것이라 모두 각기 자립(自立)함이 없으니 즉 홀로 독립되어 있는 것이 아니니, 이런 사상(四相)을 떠나면 그 자리는 본래 평등하고 동일한 각(覺)이라는 뜻이다.

* 시각(始覺)의 사위(四位)는 심상(心相)의 사상(四相) 즉 생(生)·주(住)·이(異)·멸상(滅相)을 가지고 논해져 있다.

시각(始覺)의 결어(結語)

또한 마음이 일어난다는 것은 그 처음 모습을 알 수 없으니, 그 처음 모습을 안다고 하면 <본래 무념(無念)임을 아는 것이니> 곧 무념(無念)을 이르는 것이다. 이 때문에 모든 중생은 <망념(妄念)을 여의어 무념(無念)에 이르지 못하였기에> 각(覺)이라 하지 않으며 본래부터 염념(念念)에 상속(相續)하여 일찍이 생각을 떠나지 않았기에 무시무명(無始無明)이라 한다. 만약 무념(無念)을 얻으면 곧 심상(心相)의 생(生)·주(住)·이(異)·멸(滅)이 <본래 없어> 무념(無念)과 같은 까닭에 실로 <불각(不覺)과> 시각(始覺)의 다름이 없음을 알지니, 사상(四相)은 <일심(一心)을 떠나 따로 있는 것이 아니기에> 동시에 있고 모두 자립(自立)함이 없어 <사상(四相)을 없애면 시각(始覺)과 본각(本覺)이> 본래 평등하고 동일(同一)한 각(覺)이기 때문이다.

본각(本覺)의 심체(心體)가 무명을 인하여 망념(妄念)이 생겨 <생상(生相)>, 대상경계를 일으켜 자타(自他)를 구별하고 그에 집착하니 법집(法執)을 일으키고 <주상(住相)>, 나아가 아집(我執)까지 생겨 탐(貪) 진(瞋) 치(癡) 등의 번뇌를 일으키고 <이상(異相)>, 끝내는 살(殺)·도(盜)·음(婬) 같은 악업(惡業)을 짓게 되니, 그런 업(業)을 짓는 마음은 생멸하며 잠시도 쉬지 않고 이어지기에 업(業)을 짓는 일념(一念)이 사라지며 다시 다른 업(業)을 짓는 망념을 이끌어낸다. <멸상(滅相)> 이렇게 사상(四相)은 한 몸으로 행해지는 것이다.

시각(始覺)		
불각(不覺) [범부각(凡夫覺)]	범부	망념(妄念)의 멸상(滅相)을 깨달음 <악행(惡行)을 그침>
상사각(相似覺)	성문 연각 초발의보살	망념(妄念)의 이상(異相)을 깨달음 <아집(我執)을 떠남>
수분각(隨分覺)	법신보살	망념(妄念)의 주상(住相)을 깨달음 <법집(法執)을 떠남>
구경각(究竟覺)	불(佛)	망념(妄念)의 생상(生相)을 깨달음 <근본무명(根本無明)을 떠남>

③ 본각(本覺)

수염본각(隨染本覺)

復次 本覺 隨染分別 生二種相 與彼本覺 不相捨離. 云何爲二.
부차 본각 수염분별 생이종상 여피본각 불상사리. 운하위이.

一者 智淨相, 二者 不思議業相.[1]
일자 지정상, 이자 부사의업상.

지정상(智淨相)

智淨相者 謂 依法力熏習[2] 如實修行 滿足方便故 破和合識相[3]
지정상자 위 의법력훈습 여실수행 만족방편고 파화합식상

滅相續心相[4] 顯現法身 智淳淨故.
멸상속심상 현현법신 지순정고.

---

1) 이 부분부터는 소위 '수염본각(隨染本覺)'이라 부르는 것에 대한 설명이다. 수염본각은 번뇌로 물들었다가 시각(始覺)의 과정을 통해 얻어졌다는 의미에서의 본각(本覺)을 말하니 망염(妄染)에 대해 본각(本覺)을 밝힌 것이다. 이에 <낸다>고 한 것은 시각으로 본각에 돌아가면 이런 두 가지 모습이 있기에 이른 말이다. 지정상(智淨相)은 시각(始覺)에 의해 불각(不覺)을 없애고 돌아간 본각(本覺)의 모습을 말하고, 부사의업상(不思議業相)은 시각(始覺)이 완성되어 그에서 나타나는 부사의(不思議)한 이타(利他)의 업용(業用)을 말한다. 하지만 이런 양상이 있다고 해도 그것은 본각(本覺)과 다른 것이 아니기에 <본각과 더불어 서로 버리거나 여의지 않는다>고 하였다. 불(佛)의 경우로 보면 지정상은 법신이 되고, 부사의업상은 법신과 하나가 된 보신의 자리에서 중생교화를 위해 나타내는 응신이 된다고 할 것이다.

③ 본각(本覺)

수염본각(隨染本覺)

또한 본각(本覺)은 물듦을 따라<수염(隨染)> 분별함에 두 가지의 상(相)을 내니 저 본각(本覺)과 더불어 서로 버리거나 여의지 않는다. 어떠한 것이 두 가지인가. 첫째는 지정상(智淨相)이요, 둘째는 부사의업상(不思議業相)이다.

지정상(智淨相)

지정상(智淨相)이라는 것은 법력(法力)의 훈습(熏習)에 의하여 여실(如實)히 수행을 하여 방편을 만족하기에 화합식상(和合識相)을 깨트리고 상속심상(相續心相)을 멸하여 법신(法身)을 나타내니 지(智)가 맑고 깨끗하기 때문이라고 하는 것이다.

---

2) 훈습(熏習) : 향기가 몸에 배는 것처럼 미오(迷悟)의 모든 업(業)이 그 세력을 남게 하는 것을 말한다.
3) 파화합식상(破和合識相) : 화합식(和合識)은 진망(眞妄)이 화합된 아리야식(阿梨耶識)을 말하니, 이는 이런 아리아식의 잘못된 상태를 깨트려 본래의 모습이 나타나게 한다는 뜻으로 보면 될 것이다.
4) 멸상속심상(滅相續心相) : 무명(無明)은 무시이래로 염념(念念)에 상속(相續)하여 그치지 않으므로 무명의 이러한 상속의 상태를 없애버린다는 뜻으로 보면 될 것이다.

此義云何. 以一切心識之相 皆是無明, 無明之相 不離覺性 非可
차의운하. 이일체심식지상 개시무명, 무명지상 불리각성 비가

壞 非不可壞,¹⁾ 如大海水 因風波動 水相風相 不相捨離 而水非動
괴 비불가괴, 여대해수 인풍파동 수상풍상 불상사리 이수비동

性 若風止滅 動相則滅 濕性不壞故. 如是衆生 自性淸淨心 因無
성 약풍지멸 동상즉멸 습성불괴고. 여시중생 자성청정심 인무

明風動 心與無明 俱無形相 不相捨離 而心非動性, 若無明滅 相
명풍동 심여무명 구무형상 불상사리 이심비동성, 약무명멸 상

續則滅 智性不壞故.
속즉멸 지성불괴고.

부사의업상(不思議業相)

不思議業相者 以依智淨相 能作一切勝妙境界, 所謂 無量功德之相
부사의업상자 이의지정상 능작일체승묘경계, 소위 무량공덕지상

常無斷絶 隨衆生根 自然相應 種種而現 得利益故.
상무단절 수중생근 자연상응 종종이현 득이익고.

---

1) 비가괴 비불가괴(非可壞 非不可壞) : 무명(無明)의 상(相)이란 본각(本
覺)의 성(性)을 여읜 것이 아니나 동일지도 않다. 그렇기 때문에 별개의
것으로 보아서도 안 되니 무너트릴 수 있는 것도 아니고, 그렇다고 같은
것도 아니니 무너트릴 수 없는 것도 아니라고 한 것이다.

이 뜻은 어떠한가. 일체(一切)의 심식(心識)의 상(相)은 모두가 무명(無明)이나, 무명(無明)의 상(相)은 각성(覺性)을 여의지 않아 무너트릴 수 있는 것도 아니고 무너트릴 수 없는 것도 아니니, 대해(大海)의 물이 바람을 인하여 파도가 움직임에 물의 모습과 바람의 모습이 서로 떨어지지 않으나 물은 움직이는 성질이 아니라 바람이 그쳐 없어지면 움직이는 모습이 곧 없어지되 젖는 성질은 파괴되지 않는 것과 같기 때문이다. 이와 같이 중생의 자성청정심(自性淸淨心)이 무명(無明)이란 바람을 인하여 움직이되 마음과 무명이 다 <본래 정해져 있는> 형상이 없어 서로 버리거나 여의지 아니하나 <본래 깨끗한 본각(本覺)의> 마음은 움직이는 성질이 아니니, 만약 무명(無明)이 멸하면 상속(相續)도 곧 멸하되 지성(智性)은 무너지지 않는 까닭이다.

부사의업상(不思議業相)

부사의업상(不思議業相)이라는 것은 지정상(智淨相)에 의하여 능히 일체(一切)의 승묘(勝妙)한 경계를 만들어내니, 소위 무량(無量)한 공덕(功德)의 상(相)이 항상 단절됨이 없이 중생의 근기를 따라 자연히 상응(相應)하여 갖가지로 나타나 이익을 얻게 하기 때문이다.

성정본각(性淨本覺)

復次 覺體相者 有四種大義 與虛空等 猶如淨鏡 云何爲四.[1]
부차 각체상자 유사종대의 여허공등 유여정경 운하위사.

여실공경(如實空鏡)

一者 如實空鏡, 遠離一切心境界相 無法可現 非覺照義故.[2]
일자 여실공경, 원리일체심경계상 무법가현 비각조의고.

---

1) 앞에 지정상(智淨相) 부사의업상(不思議業相)으로 설명한 본각(本覺)을 '수염본각(隨染本覺)'이라고 부르는데 대해 이 부분부터 설명한 본각(本覺)은 '성정본각(性淨本覺)'이라고 부른다. 성정본각(性淨本覺)이란 본래 가지고 있는 깨끗한 각(覺)이라는 의미에서 일컫는 말이다. 따라서 수염본각(隨染本覺)과 성정본각(性淨本覺)이 따로 있는 것이 아니다. 면을 달리하여 설명한 것뿐이다.

성정본각(性淨本覺)

또한 각(覺)의 체상(體相)이란 것에는 네 가지의 대의(大義)가 있어 허공과 같고 깨끗한 거울과 같으니 어떤 것이 네 가지인가.

여실공경(如實空鏡)

첫째는 여실공경(如實空鏡)이니, 모든 마음의 경계상(境界相)을 멀리 여의어 가히 나타날 법이 없으니 각조(覺照)의 뜻이 아니기 때문이다.

---

2) 원리일체심경계상 무법가현비각조의(遠離一切心境界相 無法可現非覺照義) : 일체(一切)가 공(空)하기에 온갖 망념(妄念)의 경계(境界)를 여의어 나타날 망법(妄法)이 본래 없으니 시각(始覺)을 통해 관조(觀照)한다는 뜻이 아니라는 것이다. 본각(本覺)을 여실공(如實空)의 면에서 말한 것이다.

인훈습경(因熏習鏡)

二者 因熏習鏡, 謂如實不空 一切世間境界 悉於中現[1] 不出不
이자 인훈습경, 위여실불공 일체세간경계 실어중현 불출불

入 不失不壞[2] 常住一心[3] 以一切法卽眞實性故, 又一切染法 所不
입 불실불괴 상주일심 이일체법즉진실성고, 우일체염법 소불

能染 智體不動 具足無漏 熏衆生故.
능염 지체부동 구족무루 훈중생고.

법출리경(法出離鏡)

三者 法出離鏡, 謂不空法 出煩惱礙[4] 智礙[5] 離和合相[6] 淳淨明故.
삼자 법출리경, 위불공법 출번뇌애 지애 이화합상 순정명고.

---

1) 일체세간경계 실어중현(一切世間境界 悉於中現) : 세간경계(世間境界)가 마음을 떠나 밖에 따로 체성(體性)이 있는 것이 아니기에 일체(一切)의 세간경계(世間境界)가 그 중에 나타난다고 한 것이다.
2) 불출불입 불실불괴(不出不入 不失不壞) : 본각(本覺)에는 세간경계가 다 나타나니, 본각이 밖으로 나가는 것도 아니고 <불출(不出)>, 그렇다고 세간경계가 안으로 들어와 본각을 물들이는 것도 아니며 <불입(不入)>, 연(緣)이 이르면 곧 나타나니 세간경계를 잃는 것도 아니고<불실(不失)>, 세간경계가 나타나도 본각의 자리는 무너져버리는 것도 아니라<불괴(不壞)>는 뜻이다.
3) 상주일심(常住一心) : 무명(無明)을 여의어 항상 그대로인 일심(一心)이라는 뜻에서 이른 말이다. 진여법신(眞如法身)을 말한다.

인훈습경(因熏習鏡)

둘째는 인훈습경(因熏習鏡)이니, 여실불공(如實不空)을 말함이라 일체의 세간경계가 다 그 중에 나타나니 벗어나지도 아니하고 들지도 아니하며 잃어버리지도 아니하고 무너지지도 아니하여 <진여법신(眞如法身)인> 상주일심(常住一心)이라 일체법(一切法)이 곧 <본래 진여이기에 이 상주일심(常住一心)의> 진실한 성품인 까닭이며, 또한 일체(一切)의 염법(染法)이 물들이지 못하는 바이니 지체(智體)가 부동(不動)하고 무루(無漏)를 구족(具足)하여 <안으로 열반을 구하도록> 중생을 훈습하는 까닭이다.

법출리경(法出離鏡)

셋째는 법출리경(法出離鏡)이니, 불공법(不空法)을 이르는 것으로 번뇌애(煩惱礙)와 지애(智礙)를 벗어나고 화합상(和合相)을 여의어 <본래 진여의 체상(體相)이> 순일(純一) 청정(淸淨)하고 맑기 때문이다.

---

4) 번뇌애(煩惱礙) 5) 지애(智礙) : 번뇌애(煩惱礙)는 번뇌장(煩惱障)이니, 아집(我執)을 근본으로 성도(聖道)를 방해하여 열반(涅槃)을 얻지 못하게 장애하는 번뇌를 말한다. 지애(智礙)는 소지장(所知障)이니, 미계(迷界) 즉 중생의 윤회세계인 삼계(三界)에 나게 하는 작용은 없지만 법집(法執)을 근본으로 바르게 알아야 할 바를 덮어 정지(正智) 즉 보리(菩提 bodhi 깨달음)를 얻지 못하게 장애하는 번뇌를 이르는 것이다.
6) 화합상(和合相) : 앞의 지정상(智淨相)의 설명에 나온 화합식상(和合識相)을 의미한다. 화합식(和合識)은 아리야식(阿梨耶識)을 말한다.

연훈습경(緣熏習鏡)

四者 緣熏習鏡, 謂 依法出離故 遍照衆生之心 令修善根 隨念示
사자 연훈습경, 위 의법출리고 변조중생지심 영수선근 수념시

現故.
현고.

성정본각(性淨本覺)은 깨끗한 거울에 비유하여 네 가지의 측면에서 설명하고 있다.
① 여실공경(如實空鏡) : 본각(本覺)을 여실공(如實空)의 면에서 말한 것이다. 본각(本覺)은 중생이 본래 갖추고 있는 것으로 그 자성(自性)이 본래 청정(淸淨)하니, 거울이 닦아서 깨끗한 것이 아니라 먼지에 덮여 있다고 하여도 본래가 티 없이 깨끗한 것이기에 이에 비유하여 말한 것이다.
② 인훈습경(因熏習鏡) : 여실불공(如實不空)의 면에서 말한 것이다. 본각(本覺)은 마치 크고 맑은 거울과 같아서 세간(世間)의 경계(境界)가 다 그에 나타나며, 또한 청정한 무루(無漏)의 덕(德)을 구족하여 내훈(內熏)의 기능이 있어 스스로 발심(發心)하고 수행(修行)하도록 한다는 것이다.
본각(本覺)엔 내훈(內熏)과 외연(外緣)의 두 기능이 있다. 내훈(內熏)이란 각심(覺心)의 내적(內的)인 작용으로 이것이 인(因)이 되어 시각(始覺)이 생기니 정훈(淨熏)이 된다는 뜻이니, 즉 본래 있는 무루법(無漏法)이 망심(妄心)에 작용하여 생사(生死)를 싫어하고 열반(涅槃)을 구하게 하는 것을 말한다. 외연(外緣)이란 본각(本覺)이 시각(始覺)을 일으키게 하는 훈습력(熏習力)이 됨을 말하니, 법신에서 보신 응신을 나타내 시각(始覺)의 길을 가도록 하는 것을 말한다.
③ 법출리경(法出離鏡) : 본각(本覺)은 번뇌로 더러워져 있다고 하여도 그 자체가 더러워지는 것은 아니기에 번뇌만 제거하면 본래의 모습이 그대로 나타나니, 마치 거울에 먼지가 끼어서 더러워졌다고 하나 거울 자체가 더러워진 것은 아니기에 먼지만 제거하면 본래의 맑은 거울이 나타나는 것과 같다는 뜻에서 이른 말이다.

연훈습경(緣熏習鏡)

넷째는 연훈습경(緣熏習鏡)이니, 법출리(法出離)를 의지한 까닭으로 중생의 마음을 두루 비쳐서 선근(善根)을 닦게 하고 <중생의> 생각을 따라 시현(示現)하기 때문에 이르는 것이다.

④ 연훈습경(緣熏習鏡) : 본각(本覺)의 외연(外緣)의 기능을 말한 것이다. 번뇌가 제거되어 본각(本覺)이 드러나면 외연(外緣)의 기능이 있기에 중생의 마음을 관조(觀照)하여 발심수행(發心修行)하도록 하니, 먼지가 제거되어 본래 맑은 거울이 드러나면 그 맑은 거울로 사람들에게 자신의 잘못된 모습을 고칠 수 있게 하는 것과 같다는 뜻에서 이른 말이다.

본 각(本 覺)				
(수염본각 隨染本覺)	지정상 (智淨相)	<인(因)> 본각의 내훈(內熏) <연(緣)> 불보살의 외연(外緣)	→ <과(果)> 시각 곧 본각	체(體)의 면 근본지(根本智) <법신(法身)>
	부사의업상 (不思議業相)	<인(因)> 지정상(智淨相) <연(緣)> 중생의 감응(感應)	→ <과(果)> 중생 교화	용(用)의 면 후득지(後得智) <응신(應身)>
(성정본각 性淨本覺)	여실공경 (如實空鏡)	여실공(如實空)의 면		자성(自性)이 청정함
	인훈습경 (因熏習鏡)	여실불공(如實不空)의 면 * 내훈(內熏)의 기능		
	법출리경 (法出離鏡)	번뇌를 떠난 면		번뇌를 떠나 청정함
	연훈습경 (緣熏習鏡)	번뇌를 떠나 시현(示現)하는 면 * 외연(外緣)의 기능		

(3) 불각(不覺)

① 근본불각(根本不覺)

所言不覺義者 謂 不如實知眞如法一[1]故 不覺心起 而有其念. 念
소언불각의자 위 불여실지진여법일 고 불각심기 이유기념. 염

無自相[2] 不離本覺. 猶如迷人 依方故迷 若離於方 則無有迷.[3] 衆
무자상   불리본각. 유여미인 의방고미 약리어방 즉무유미. 중

生亦爾 依覺故迷 若離覺性 則無不覺. 以有不覺妄想心故 能知名
생역이 의각고미 약리각성 즉무불각. 이유불각망상심고 능지명

義 爲說眞覺. 若離不覺之心 則無眞覺自相可說.[4]
의 위설진각. 약리불각지심 즉무진각자상가설.

---

1) 진여법일(眞如法一) : 진여(眞如)라는 것은 오로지 하나라는 뜻이다. 제법(諸法)은 모두 진여(眞如)를 본체(本體)로 하여 있기 때문이다.
2) 자상(自相) : 사물이 자체적으로 가지고 있는 독특한 모습, 만약 그런 모습이 참으로 있다면 그런 사물은 나름대로의 변치 않는 실체(實體)를 가지고 있는 것이 된다. 하지만 그런 사물은 어디에도 없다.
3) 유여미인 의방고미 약리어방 즉무유미(猶如迷人 依方故迷 若離於方 則無有迷) : 각(覺)을 떠나서 불각(不覺)이 없는 관계를 비유로 설명한 것이다. 사람이 길을 잃음은 방향을 잘못 들기 때문이다. 동쪽으로 가고자 함에 서쪽으로 가면 길을 잃는 것이 된다. 하지만 동쪽이란 방향을 설정하지 않는다면 길 잃음도 없다. 이와 같아 불각(不覺)이란 각(覺)이란 것이 있기 때문에 있는 것이니 각(覺)을 떠나서 불각(不覺)이란 없는 것이며,

(3) 불각(不覺)

① 근본불각(根本不覺)

 이른 바 불각(不覺)의 뜻이란 진여법(眞如法)이 하나라는 것을 여실(如實)히 알지 못하는 까닭에 불각(不覺)의 마음이 일어나 그 <분별(分別)의> 생각이 있음을 말한다. <그런> 생각은 <그 자체만의 독특한 모습인> 자상(自相)이 없고 본각(本覺)을 떠나 있는 것이 아니다. 마치 길을 잃는 사람은 방향에 의하기 때문에 길을 잃게 되는 것이니 만약 방향을 떠나면 곧 길을 잃는다는 것이 없는 것과 같다. 중생도 또한 그러하여 각(覺)에 의하기 때문에 미혹(迷惑)하나 만약 각성(覺性)을 여의면 곧 불각(不覺)이라는 것도 없다. 불각망상(不覺妄想)의 마음이 있는 까닭으로 능히 <본각(本覺)의> 명의(名義)를 알아 진각(眞覺)이라고 설한다. 만약 불각(不覺)의 마음을 여의면 곧 <진각(眞覺)이라 할 것도 따로 없어 그 자체의 모습이란 것도 없기에> 진각(眞覺)의 자상(自相)을 설할 수 없다.

불각(不覺)이 없다면 각(覺)이라고 말할 필요도 없게 된다. 이것이 참된 깨달음 즉 진각(眞覺)이니, 이때엔 진각(眞覺)이라는 말도 필요 없게 된다. 4) 이 부분은 근본불각(根本不覺)을 설명한 것이다. 근본불각이란 처음으로 진여(眞如)에 어두운 것이라 이런 뜻에서 미진무명(迷眞無明)이라고도 한다. 진여각심(眞如覺心)이 본각(本覺)이니 진여(眞如)를 진여 그대로 알지 못하는 것을 근본불각(根本不覺)이라고 하는 것이다. 본래 각(覺)이면 본각(本覺)이란 말도 필요 없을 것이나, 불각(不覺)이 생겼기에 이에 대해 각(覺)이니 진각(眞覺)이니 하는 말을 쓰게 되는 것이다. 따라서 각(覺)이니 불각(不覺)이니 하는 말도 다 가명(假名)일 뿐이지, 이름에 따른 어떤 나름대로의 고유(固有)한 실체(實體)가 있는 것이 아니다. 즉 각(覺)이니 불각(不覺)이니 하는 것이 어디 따로 있는 것이 아니라는 말이다.

② 지말불각(枝末不覺)

삼세(三細)

復次 依不覺故 生三種相 與彼不覺 相應不離 云何爲三.
부차 의불각고 생삼종상 여피불각 상응불리 운하위삼.

一者 無明業相, 以依不覺故心動 說名爲業, 覺則不動 動則有苦
일자 무명업상, 이의불각고심동 설명위업, 각즉부동 동즉유고

果不離因故.
과불리인고.

二者 能見相, 以依動故能見 不動則無見.
이자 능견상, 이의동고능견 부동즉무견.

* 여기부터는 지말불각(枝末不覺)을 말한 것인데, 지말불각이란 근본불각(根本不覺)에 의해 한 걸음 더 나아가 거짓된 것<망(妄)>을 참된 것<진(眞)>으로 여겨 이에 집착하는 것으로 망집무명(妄執無明)이라고도 한다. 이로 인해 중생은 점차 나름대로의 망염(妄染)의 세계를 전개하게 된다. 이렇게 망염의 세계 즉 미계(迷界)로 연기(緣起)하는 과정을 설명함에 그 중 이에 나온 무명업상(無明業相) 능견상(能見相) 경계상(境界相)의 세 가지는 불각(不覺)이 있으면 반드시 따라 일어나는 것이기는 하나, 그 작용의 모습이 극히 미세하여 알기 어렵기에 삼세(三細)라고 표현한다.

1. 무명업상(無明業相) : 줄여서 그냥 업상(業相)이라고도 하는데, 이에서의 업(業)이란 마음의 움직임을 말한다. 따라서 이것은 무명(無明)에 의하여

② 지말불각(枝末不覺)

삼세(三細)

 또한 불각(不覺)에 의하는 까닭에 세 가지 상(相)을 내되 저 불각(不覺)과 서로 응하고 여의지 않으니 어떠한 것이 세 가지 인가.

 첫째는 무명업상(無明業相)이니, 불각(不覺)에 의하는 까닭에 마음이 움직이는 것을 업(業)이라고 하며, 각(覺)이면 곧 <마음이> 움직이지 않으나 움직이면 곧 고(苦)가 있게 되니 과(果)가 인(因)을 여의지 않기 때문이다.

 둘째는 능견상(能見相)이니, <마음의> 움직임에 의하는 까닭에 능히 보니 움직이지 않으면 곧 보는 것이 없다.

최초로 일어나는 마음의 움직임을 말하는 것이니, 아직은 주(主)·객(客)이 나누어지지 않는 상태에서 잠재적으로 있는 하나의 힘이다. 무명(無明)에 의하여 마음이 움직인다면 그것은 결국 생사윤회(生死輪廻)의 원인이 되어 고(苦)를 가져오게 되니, 이에 과(果)가 인(因)을 떠나지 않는다고 한 것은 이런 도리를 말한 것이다.
 2. 능견상(能見相) : 전상(轉相) 견상(見相) 또는 능연(能緣)이라고도 한다. 무명업상(無明業相)에서 한 걸음 더 나아가 주관과 객관이 나누어지면서 주관적인 인식작용을 일으키기 시작하는 상태를 말한다. 그러나 아직까지는 객관적인 인식대상이 이루어지지 않았으므로 실제적인 인식작용이 일어나기 전 장차 객관경계를 인식하려고 하는 미세한 주관의 작용을 말하는 것이다.

三者 境界相, 以依能見故 境界妄現 離見則無境界.
삼자 경계상, 이의능견고 경계망현 이견즉무경계.

육추(六麤)

以有境界緣故 復生六種相 云何爲六.
이유경계연고 부생륙종상 운하위륙.

一者 智相, 依於境界 心起分別愛與不愛故.
일자 지상, 의어경계 심기분별애여불애고.

二者 相續相, 依於智故 生其苦樂覺 心起念相應不斷故.
이자 상속상, 의어지고 생기고락각 심기념상응부단고.

三者 執取相, 依於相續 緣念境界 住持苦樂 心起著故.
삼자 집취상, 의어상속 연념경계 주지고락 심기착고.

---

3. 경계상(境界相) : 현상(現相)이라고도 한다. 능견상(能見相)에 의해 망령되게 인식대상이 나타나는 것을 말한다. 능견상이 일어났다면 그가 인식할 인식대상이 생기니 경계상(境界相)이 나타나게 되는 것은 당연한 일일 것이다.

이미 앞의 지말불각(枝末不覺) 중 삼세(三細)에서 주관과 객관이 갈려 인식대상이 나타났기에, 이젠 본격적으로 온갖 망상분별이 일어나 점차로 그 모양이 거칠게 나타나니 그 과정을 여섯으로 나누어 육추(六麤)라고 한다.

1. 지상(智相) : 인식의 대상경계가 주관적인 마음에 나타난 영상(影像)임을

셋째는 경계상(境界相)이니, 능견상(能見相)에 의하는 까닭에 경계(境界)가 망령되게 나타나는 것이라 능견상(能見相)을 여의면 곧 경계가 없다.

육추(六麤)

경계상(境界相)의 인연이 있기 때문에 다시 여섯 가지의 상(相)을 내니 어떠한 것이 여섯 가지인가.

첫째는 지상(智相)이니, 경계상(境界相)에 의하여 마음이 일어나 사랑함과 사랑하지 않음을 분별하기 때문이다.

둘째는 상속상(相續相)이니, 지상(智相)에 의하는 까닭에 고(苦)와 낙(樂)의 깨달음을 내고 마음에 생각을 일으켜 <그런 생각이> 서로 응하여 그치지 않기 때문이다.

셋째는 집취상(執取相)이니, 상속상(相續相)에 의하여 경계(境界)를 연념(緣念)하여 고락(苦樂)을 주지(住持)하고 마음에 집착을 일으키는 까닭이다.

알지 못하고 대상경계를 실재(實在)인 듯 착각하여 염정(染淨) 미추(美醜) 시비(是非) 선악(善惡) 등의 온갖 분별망상을 일으키는 상태를 말한다.
 2. 상속상(相續相) : 위의 지상(智相)이 일단 생긴 뒤로 끊어지지 않고 계속되어 나쁜 일에는 고(苦)라는 생각이 나고, 좋은 일에는 낙(樂)이라는 생각이 나는 등, 망념(妄念)이 부단히 뒤따르는 상태를 말한다.
 3. 집취상(執取相) : 위의 상속상(相續相)에 의하여 생긴 고(苦)·낙(樂) 등의 세계에 대하여 집착심을 일으키는 것이니, 나쁜 것은 버리려 하고 좋은 것은 가지려 하는 등의 집착심이 일어나서 아집(我執) 법집(法執)이 깊어가는 상태를 말한다.

四者 計名字相, 依於妄執 分別假名言相故.
사자 계명자상, 의어망집 분별가명언상고.

五者 起業相, 依於名字 尋名取著 造種種業故.
오자 기업상, 의어명자 심명취착 조종종업고.

六者 業繫苦相, 以依業受報 不自在故.
육자 업계고상, 이의업수보 부자재고.

當知, 無明 能生一切染法 以一切染法皆是不覺相故.
당지, 무명 능생일체염법 이일체염법개시불각상고.

---

4. 계명자상(計名字相) : 위의 집취상(執取相)으로 일어난 집착이 더욱 깊어지면서 집착의 세계에 대하여 아름답다 추하다 사랑한다 미워한다 등 제멋대로 이름을 붙여 이를 다시 분별계탁(分別計度)하는 것을 말한다.

5. 기업상(起業相) : 조업상(造業相)이라고도 한다. 지금까지는 추상(麤相)이기는 하지만 생각으로만 하는 것이었다. 그러나 위와 같은 생각이 깊어지면 결국은 생각에서 그치지 않고 좋으면 탐하고 싫으면 성내는 등 말이나 행동으로 옮겨 온갖 업(業)을 짓게 되니, 이 상태를 기업상(起業相)이라고 한 것이다.

6. 업계고상(業繫苦相) : 수보상(受報相)이라고도 한다. 업(業)을 지었으면 필연적으로 그에 따른 과보(果報)가 있기 마련이라, 과보를 받아 마침내는 삼계육도(三界六道)를 윤회하면서 스스로 지은 업력(業力)에 의하여 온갖 고(苦)를 벗어나지 못하니, 이 상태를 업(業)에 얽매어 고(苦)를 받는 모습이라고 하여 업계고상(業繫苦相)이라고 한 것이다.

어쨌든 무명(無明)은 온갖 염법(念法)을 내니, 그것은 다른 말로 하면 불각(不覺)의 모습이다. 중생이란 본래 모두 본각(本覺)이라고 하는데 불각(不覺)으로 고해(苦海)에 살고 있으면서도 본각(本覺)으로 돌아갈 줄을 모르고 여전히 번뇌에 얽혀 온갖 좋지 못한 업(業)을 짓고 있는 것이다.

넷째는 계명자상(計名字相)이니, 망집(妄執)에 의하여 거짓된 명언(名言)의 상(相)을 분별하기 때문이다.

다섯째는 기업상(起業相)이니, 명자(名字)에 의하여 이름을 찾아 취착(取著)하여 갖가지의 업(業)을 짓기 때문이다.

여섯째는 업계고상(業繫苦相)이니, 기업상(起業相)에 의하여 보(報)를 받아 자재(自在)하지 못한 까닭이다.

마땅히 알지니, 무명(無明)은 능히 일체(一切)의 염법(念法)을 내니 모든 염법(念法)은 다 불각(不覺)의 상(相)이기 때문이다.

이상의 삼세(三細)와 육추(六麤)를 합쳐 구상차제(九相次第)라고 한다. 결국 중생은 누가 시킨 것도 아니련만 스스로 고해(苦海)에 윤회(輪廻)를 거듭하고 있으니, 그 유전(流轉)의 과정을 대승기신론에서는 삼세(三細) 육추(六麤)의 구상차제(九相次第)로 밝힌 것이다. 이러한 구상차제(九相次第)로 생사윤회(生死輪廻)까지의 과정을 밝힌 것은 이 대승기신론뿐이다.

불각(不覺)	근본불각(根本不覺)		
	지말불각(枝末不覺)	삼세(三細)	무명업상(無明業相)
			능견상(能見相)
			경계상(境界相)
		육추(六麤)	지상(智相)
			상속상(相續相)
			집취상(執取相)
			계명자상(計名字相)
			기업상(起業相)
			업계고상(業繫苦相)

(4) 각(覺)과 불각(不覺)의 동상(同相)과 이상(異相)

復次 覺與不覺 有二種相 云何爲二. 一者 同相, 二者 異相.
부차 각여불각 유이종상 운하위이. 일자 동상, 이자 이상.

① 동상(同相)

同相者, 譬如種種瓦器 皆同微塵性相, 如是 無漏無明 種種業幻
동상자, 비여종종와기 개동미진성상, 여시 무루무명 종종업환

皆同眞如性相.[1] 是故 修多羅中 依於此義 說一切衆生 本來常住
개동진여성상. 시고 수다라중 의어차의 설일체중생 본래상주

入於涅槃,[2] 菩提之法 非可修相 非可作相 畢竟無得.[3]
입어열반, 보리지법 비가수상 비가작상 필경무득.

---

1) 무루무명 종종업환 개동진여성상(無漏無明 種種業幻 皆同眞如性相) : 무루(無漏)는 본각(本覺)과 시각(始覺)의 각(覺)을 의미하고, 무명(無明)은 근본불각(根本不覺)과 지말불각(枝末不覺)의 불각(不覺)을 의미한다. 업환(業幻)이란 각(覺)과 불각(不覺)에서 나타나는 온갖 업용(業用)이 본래 정해진 바가 없기에 이른 말이다. 다 같이 진여(眞如)의 성상(性相)이라고 한 것은 그 어떤 업용(業用)이든지 모두 진여의 성품이요 진여의 모습이기에 이른 말이다.
2) 일체중생 본래상주 입어열반(一切衆生 本來常住 入於涅槃) : 모든 중생은 그 근본으로 보면 본래 진여본각(眞如本覺)이니 이는 상주불변(常住不變)하는 것이며, 그 자리가 이미 열반(涅槃)이니 열반에 들어있다고 한 것이다.

(4) 각(覺)과 불각(不覺)의 동상(同相)과 이상(異相)

또한 각(覺)과 불각(不覺)에는 두 가지의 상(相)이 있으니 어떠한 것이 두 가지인가. 첫째는 동상(同相)이고, 둘째는 이상(異相)이다.

① 동상(同相)

동상(同相)이란 것은, 비유하면 갖가지의 와기(瓦器)가 다 같이 미진(微塵)의 성상(性相)인 것과 같으니, 이와 같이 무루(無漏)와 무명(無明)의 갖가지의 업환(業幻)이 다 같이 진여(眞如)의 성상(性相)이다. 이 까닭으로 수다라(修多羅) 중에 이 뜻에 의하여 설하되 일체의 중생이 본래 상주(常住)하며 열반(涅槃)에 들어 있고, 보리(菩提)의 법(法)은 닦을 수 있는 상(相)도 아니고 만들 수 있는 상(相)도 아니라 필경 얻을 것이 없다고 하였다.

---

3) 보리지법 비가수상 비가작상 필경무득(菩提之法 非可修相 非可作相 畢竟無得) : 본각(本覺)이면 이미 보리(菩提)이다. 따라서 보리(菩提)라는 것은 닦아서 얻어지거나 만들어서 얻어지는 성질의 것이 아니요, 본래 있는 것이라 필경 새삼 얻을 바가 없다고 한 것이다.

亦無色相可見 而有見色相者 唯是隨染業幻所作 非是智色不空之
역무색상가견 이유견색상자 유시수염업환소작 비시지색불공지

性 以智相無可見故.[1)]
성 이지상무가견고.

② 이상(異相)

異相者, 如種種瓦器 各各不同, 如是無漏無明 隨染幻差別 性染
이상자, 여종종와기 각각부동, 여시무루무명 수염환차별 성염

幻差別[2)]故.
환차별 고.

---

1) 무색상가견~이지상무가견고(無色相可見~以智相無可見故) : 제불(諸佛)이 갖가지의 색상(色相)을 나타냄을 풀이한 말이다. 진여(眞如)의 체상(體相)으로 보면 모두가 일미평등(一味平等)하며 그 어떤 상(相)도 떠나 있어 본다는 것도 있을 수 없기에 제불(諸佛)이 색상(色相)을 시현(示現)함은 중생의 염(染)을 따라 업환(業幻)으로 하는 것이므로, 지색(智色) 즉 본각(本覺)의 색상(色相)은 진여와 같음이라 여실불공(如實不空)의 성품에 그런 색상(色相)이 있는 것이 아니니, 본각(本覺)은 보일 수 있는 상(相)이 없기 때문이라는 것이다.

* 이 동상(同相)에 대한 설명은, 와기(瓦器)의 비유를 들어, 각(覺)과 불각(不覺)이 모두 진여(眞如)를 바탕으로 하고 있다는 점에서 같음을 말한 것이다.

또한 볼 수 있는 색상(色相)이 없으니 색상(色相)을 봄이 있다는 것은 오로지 염(染)을 따르는 업환(業幻)이 짓는 바요 <본각(本覺)의> 지색(智色)인 불공(不空)의 성(性)이 아니니 지상(智相)은 볼 수 없기 때문이다.

② 이상(異相)

이상(異相)이라는 것은, 갖가지의 와기(瓦器)가 각각 같지 않음과 같으니, 이와 같이 무루(無漏)와 무명(無明)이 수염환차별(隨染幻差別)이며 성염환차별(性染幻差別)인 까닭이다.

---

2) 무루무명 수염환차별 성염환차별(無漏無明 隨染幻差別 性染幻差別) : 무루(無漏)는 각(覺)을 말하고, 무명(無明)은 불각(不覺)을 말한다. 앞에서의 동상(同相)은 그 근본의 면에서 같음을 말한 것임에 대해, 이에선 다름 즉 이상(異相)을 말하고 있는데 그것을 수염환차별(隨染幻差別)과 성염환차별(性染幻差別)로 설명하고 있다.

각(覺)은 진여의 평등성(平等性)을 따르기에 평등성 그 자체가 됨으로 무루(無漏)이며 차별이 있을 수 없지만, 중생의 망염(妄染)을 따를진대 불(佛)이 삼신(三身)을 나타내는 등 차별이 나타나니, 이런 면을 수염환차별(隨染幻差別)이라고 한 것이다. 불각(不覺)은 진여의 평등성을 위배한 것이기에 무명(無明)이요 그 업용(業用)이 각(覺)과 다르게 나타남에 이런 면을 성염환차별(性染幻差別)이라 한 것으로 보이니, 불각(不覺)은 각(覺)과 그 성질이 다르다고 말한 것으로 보면 될 것이다.

이상 동상(同相)과 이상(異相)을 종합해보면 각(覺)과 불각(不覺)은 같으면서 다르고, 다르면서 같다는 점을 설명한 것이라고 볼 수 있다.

2) 생멸(生滅)의 인연(因緣)

(1) 오의(五意)의 전기(轉起)

復次 生滅因緣[1]者 所謂 衆生 依心 意意識轉故.
부차 생멸인연 자 소위 중생 의심 의의식전고.

此義云何. 以依阿梨耶識 說有無明, 不覺而起 能見 能現 能取境
차의운하. 이의아리야식 설유무명, 불각이기 능견 능현 능취경

界 起念相續[2] 故說爲意. 此意 復有五種名 云何爲五.
계 기념상속 고설위의. 차의 부유오종명 운하위오.

一者 名爲業識, 謂 無明力 不覺心動故.
일자 명위업식, 위 무명력 불각심동고.

二者 名爲轉識, 依於動心 能見相故.
이자 명위전식, 의어동심 능견상고.

---

1) 생멸인연(生滅因緣) : 지금까지는 주로 아리야식(阿梨耶識) 자체에 대한 설명이었으나, 이제부터는 마음이 동요하는 인연 관계 즉 심생멸(心生滅)의 인연(因緣)을 말해가는 것으로 보면 될 것이다.

2) 생멸(生滅)의 인연(因緣)

(1) 오의(五意)의 전기(轉起)

또한 <불각(不覺)의 모습으로> 생멸(生滅)하는 인연(因緣)이란 중생은 마음<아리야식(阿梨耶識)>에 의해 의(意)와 의식(意識)이 전변(轉變)하는 까닭에 이르는 것이다.

이 뜻은 어떠한가. 아리야식(阿梨耶識)에 의함으로써 무명(無明)이 있음을 말하니, 불각(不覺)이 일어나서<무명업상(無明業相)> 능견(能見)하고<능견상(能見相)> 능현(能現)하여<경계상(境界相)> 능히 경계를 취해<지상(智相)> 생각을 일으켜 상속하므로<상속상(相續相)> 이 까닭에 의(意)라고 한다. 이 의(意)에 다시 다섯 가지 이름이 있으니 어떠한 것이 다섯 가지인가.

첫째는 업식(業識)이라고 하니, 무명(無明)의 힘으로 불각(不覺)의 마음이 동요하기 때문에 이르는 것이다.

둘째는 전식(轉識)이라고 하니, 동요하는 마음에 의하는 능견상(能見相)이기 때문이다.

---

2) 불각이기 능견 능현 능취경계 기념상속(不覺而起 能見 能現 能取境界 起念相續) : 불각(不覺)의 마음이 일어나 즉 무명업상(無明業相)이 일어나 능견상(能見相) 경계상(境界相) 지상(智相) 상속상(相續相)이 잇따라 일어나는 과정을 말한 것인데, 이에서는 이 다섯 가지를 의(意)로 보고 있다.

三者 名爲現識, 所謂 能現一切境界 猶如明鏡現於色像 現識亦
삼자 명위현식, 소위 능현일체경계 유여명경현어색상 현식역

爾 隨其五塵 對至卽現 無有前後 以一切時 任運而起 常在前故.
이 수기오진 대지즉현 무유전후 이일체시 임운이기 상재전고.

四者 名爲智識, 謂分別染淨法故.
사자 명위지식, 위분별염정법고.

五者 名爲相續識, 以念相應不斷故, 住持過去無量世等善惡之業
오자 명위상속식, 이념상응부단고, 주지과거무량세등선악지업

令不失故, 復能成熟現在未來苦樂等報 無差違故, 能令現在已經之
영불실고, 부능성숙현재미래고락등보 무차위고. 능령현재이경지

事忽然而念 未來之事不覺妄慮.
사홀연이념 미래지사불각망려.

---

* 업식(業識) 전식(轉識) 현식(現識) 지식(智識) 상속식(相續識)은 각각 구상(九相) 중 무명업상(無明業相) 능견상(能見相) 경계상(境界相) 지상(智相) 상속상(相續相)에 해당한다. 단 상속식(相續識)은 뒤에 의식(意識)으로도 나와 의(意)와 의식(意識)의 구분이 명확하지 않다. 따라서 이에서의 의(意)는 팔식(八識)을 심(心)·의(意)·식(識)으로 구분한 중의 의(意)보단 설명 그대로 전체적인 대의(大意)를 말한 것으로 받아들임이 좋을 것이다. 이에 대해선 다른 해석도 있으나 원효스님은 업식(業識) 전식(轉識) 현식(現識)은 아리야식으로 심(心), 지식(智識)은 마나식(末那 manas 識)으로 의(意), 상속식(相續識)은 의식(意識)으로 보았으니 이들의 구분은 원효스님의 구분을 따르는 것이 좋을 것 같다.

셋째는 현식(現識)이라고 하니, 이른 바 능히 일체의 경계를 나타냄이 마치 명경(明鏡)이 색상(色像)을 나타냄과 같아 현식(現識)도 또한 그러하여 그 <대경(對境)인 색(色)·성(聲)·향(香)·미(味)·촉(觸)의> 오진(五塵)을 따라 대경(對境)이 이르면 곧 나타나니 <시간적으로> 전후(前後)가 없이 어느 때나 마음대로 일어나 <대경(對境)이> 항상 앞에 있기 때문이다.

넷째는 지식(智識)이라고 하니, 염정(染淨)의 법(法)을 분별하기 때문에 이르는 것이다.

다섯째는 상속식(相續識)이라고 하니, 생각이 서로 응하여 그치지 않기 때문이라, 과거 무량한 세상의 선악(善惡)의 업(業)을 주지(住持)하여 잃지 않게 하기 때문이며, 또한 능히 현재 미래의 고락(苦樂) 등의 과보(果報)를 성숙시켜 어긋남이 없기 때문이니, 능히 현재와 이미 지난 일을 홀연히 생각하게 하고 미래의 일을 알지 못하는 사이에 망령되게 생각하게 함이다.

업식(業識)	무명업상(無明業相)	의 (意)		아리야식(阿梨耶識) <본식(本識)>	* 분별사식 (分別事識)
전식(轉識)	능견상(能見相)				
현식(現識)	경계상(境界相)				
지식(智識)	지상(智相)		의식 (意識)	마나식(末那識) 末那 : manas	
상속식(相續識)	상속상(相續相)			→ 생기식(生起識)의 처음	
	집취상(執取相)			생기식(生起識) [과보(果報)의 생기(生起)]	
	계명자상(繫名字相)				
	기업상(起業相)				
	업계고상(業繫苦相)			소생과(所生果) [생기(生起)의 과보(果報)]	

(2) 삼계유심(三界唯心)

是故 三界[1]虛僞 唯心所作 離心則無六塵[2]境界.
시고 삼계 허위 유심소작 이심즉무륙진 경계.

此義云何. 以一切法 皆從心起 妄念而生 一切分別 卽分別自心
차의운하. 이일체법 개종심기 망념이생 일체분별 즉분별자심

心不見心 無相可得.[3] 當知, 世間一切境界 皆依衆生無明妄心 而
심불견심 무상가득.   당지, 세간일체경계 개의중생무명망심 이

得住持. 是故 一切法 如鏡中像 無體可得[4] 唯心虛妄, 以心生則
득주지. 시고 일체법 여경중상 무체가득   유심허망, 이심생즉

種種法生 心滅則種種法滅故.
종종법생 심멸즉종종법멸고.

---

1) 삼계(三界) : 탐욕과 불선법(不善法)의 세계인 욕계(欲界), 욕계는 벗어나되 물질적인 속박은 여의지 못한 세계인 색계(色界), 물질적인 속박마저 벗어나 순 정신적인 세계인 무색계(無色界)이니, 중생윤회의 세계를 셋으로 나누어 말한 것이다. 이를 다시 여섯으로 나누어 지옥(地獄) 아귀(餓鬼) 축생(畜生) 아수라(阿修羅) 인간(人間) 천상(天上)의 육도(六道)라고 한다.
2) 육진(六塵) : 안(眼)·이(耳)·비(鼻)·설(舌)·신(身)·의(意)의 육근(六根)의 인식대상(認識對象)인 색(色)·성(聲)·향(香)·미(味)·촉(觸)·법(法)의 육경(六境)을 말하니 결국 인식대상 모두를 말하는 것이다.

(2) 삼계유심(三界唯心)

이 까닭으로 삼계(三界)는 허위(虛僞)요 오로지 마음이 만드는 바라 마음을 여의면 곧 육진(六塵)의 경계(境界)가 없다.

이 뜻은 어떠한가. 일체법(一切法)이 다 마음을 쫓아 일어나 망념(妄念)이 생기고 일체의 분별이 곧 자기의 마음을 분별함이라 마음이 마음을 보지 못하니 얻을 수 있는 상(相)이 없다. 마땅히 알지니, 세간(世間)의 모든 경계(境界)는 모두 중생의 무명망심(無明妄心)에 의하여 주지(住持)한다. 이런 까닭으로 일체법(一切法)은 거울 속의 모습과 같아 얻을 수 있는 실체(實體)가 없어 오로지 마음의 허망함이니, 마음이 생기면 곧 갖가지의 법(法)이 생기고 마음이 멸하면 곧 갖가지의 법(法)이 멸하기 때문이다.

---

3) 이일체법~무상가득(以一切法~無相可得) : 모든 인식의 대상은 망념(妄念)이 분별해 낸 것 즉 마음에 의해 전개된 것이니, 이를 모든 것은 마음이 만든다고 한다. 따라서 그런 것들을 본다는 것은 곧 자기의 마음을 보는 것이 된다. 하지만 이런 상태에선 허상(虛像)을 보는 것이니 본래 마음을 보는 것이 아니다. 본래 마음이란 상(相)이 없기 때문이다.

4) 일체법 여경중상 무체가득(一切法 如鏡中像 無體可得) : 중생이 이렇다 저렇다 하고 인식하는 일체법(一切法)은 거울 속에 비친 모습과 같아 모두 허상(虛像)이기에 불변(不變)의 실체(實體)가 없다는 뜻이다.

(3) 의식(意識)

復次 言意識者 卽此相續識, 依諸凡夫取著轉深 計我我所[1] 種種
부차 언의식자 즉차상속식, 의제범부취착전심 계아아소 종종

妄執 隨事攀緣[2] 分別六塵 名爲意識, 亦名分離識[3] 又復說名分別
망집 수사반연 분별륙진 명위의식, 역명분리식 우부설명분별

事識,[4] 此識 依見愛煩惱[5] 增長義故.
사식, 차식 의견애번뇌   증장의고.

---

1) 아(我) 아소(我所) : 아(我)는 '나'라는 뜻이고, 아소(我所)는 '나의 소유(所有)' 즉 '나의 것'이라는 뜻이다.

2) 반연(攀緣) : 마음이 인식의 대상에 의지하여 작용을 일으키는 것을 말한다.

3) 분리식(分離識) 4) 분별사식(分別事識) : 의식(意識)의 이명(異名)으로 쓴 말이다. 분리식(分離識)은 육근(六根)으로 육진(六塵)을 나누어 취한다는 뜻에서 이른 말이고, 분별사식(分別事識)은 사물을 분별한다는 뜻에서 이른 말이다.

(3) 의식(意識)

 또한 의식(意識)이라고 하는 것은 곧 이 상속식(相續識)이니, 모든 범부의 취착(取著)이 점점 깊어짐에 의하여 아(我)와 아소(我所)를 계탁(計度)하여 갖가지로 망령되게 집착하고 일을 따라 반연(攀緣)하여 육진(六塵)을 분별하니 의식(意識)이라고 하며, 또한 분리식(分離識)이라고 하며, 또한 다시 분별사식(分別事識)이라고도 하니, 이 식(識)은 견(見)·애(愛)의 번뇌에 의하여 증장하는 뜻인 까닭이다.

---

5) 견애번뇌(見愛煩惱) : 견(見)은 견혹(見惑)이니 진리에 어두워 생긴 번뇌를 말하고, 애(愛)는 수혹(修惑)이니 사실에 어두워 생긴 번뇌를 말한다. 견혹(見惑)은 미리혹(迷理惑)이라고도 하는데, 이는 사사(邪師) 사교(邪敎) 혹은 스스로의 그릇된 사유(思惟) 등에 의해 후천적으로 일어나므로 분별혹(分別惑)이라고도 부르니, 진리를 바로 보면 끊어지는 것이다. 수혹(修惑)은 미사혹(迷事惑)이라고도 하는데, 이는 생존욕(生存欲) 생식욕(生殖慾) 등과 같이 선천적인 것이므로 구생혹(俱生惑)이라고도 부르니, 안다고 하여 금방 끊어지는 것이 아니라 자꾸 닦아야만 끊어지는 것이다.

(4) 연기(緣起)의 심오(深奧)

依無明熏習 所起識者 非凡夫能知, 亦非二乘智慧所覺, 謂 依菩
의무명훈습 소기식자 비범부능지, 역비이승지혜소각, 위 의보

薩 從初正信[1] 發心觀察 若證法身[2] 得少分知 乃至菩薩究竟地[3]
살 종초정신   발심관찰   약증법신   득소분지   내지보살구경지

不能盡知, 唯佛窮了.
불능진지, 유불궁료.

何以故, 是心 從本已來 自性淸淨 而有無明 爲無明所染 有其染
하이고, 시심 종본이래 자성청정 이유무명 위무명소염 유기염

心 雖有染心 而常恒不變, 是故 此義 唯佛能知.
심 수유염심 이상항불변, 시고 차의 유불능지.

(5) 무명(無明)의 홀연염기(忽然念起)

所謂心性 常無念故 名爲不變, 以不達一法界故 心不相應 忽然
소위심성 상무념고 명위불변, 이불달일법계고 심불상응 홀연

念起 名爲無明.[4]
염기 명위무명.

---

1) 초정신(初正信)은 십신위(十信位) 2) 증법신(證法身)은 법신(法身)을 증득(證得)하는 것을 말하며, 3) 보살구경지(菩薩究竟地)는 보살로서의 최고위(最高位)인 제십지(第十地)를 말한다.

(4) 연기(緣起)의 심오(深奧)

무명의 훈습에 의하여 일어나는 식(識)이란 범부가 알 수 있는 것이 아니요, 또한 <성문(聲聞) 연각(緣覺)의> 이승(二乘)의 지혜로 깨닫는 바도 아니며, 보살에 의하여도 처음 정신(正信)으로부터 발심(發心)하고 <십주(十住) 십행(十行) 십회향(十廻向)의 삼현(三賢)의 위(位)를 지나며> 관찰하여 <십지위(十地位)에 이르러> 법신(法身)을 증득한다고 하여도 소분(少分)만을 알고 내지 보살의 구경지(究竟地)라도 다 알지 못하니, 오로지 불(佛)만이 궁구해 다 알 뿐이라고 하는 것이다.

왜냐하면, 이 마음은 본래부터 자성(自性)이 청정하나 무명(無明)이 있어 무명에 물듦이 되어 그 물든 마음이 있으며 비록 물든 마음이 있으나 항상 불변하니, 이 까닭으로 이 뜻은 오로지 불(佛)만이 능히 알 수 있다는 것이다.

(5) 무명(無明)의 홀연염기(忽然念起)

이른 바 심성(心性)은 항상 무념(無念)인 까닭으로 불변(不變)이라고 하나, 일법계(一法界)에 요달(了達)하지 못한 까닭으로 마음이 상응(相應)하지 못하여 홀연히 생각이 일어나니 이를 무명(無明)이라고 한다.

---

4) 마음은 본래 청정하고 항상 하며 망념(妄念)이 없어 불변(不變)이나 일법계(一法界)를 요달하지 못해 그와 상응하지 못함에 홀연히 망념이 일어나니 이를 무명(無明)이라 한 것으로 이는 근본무명(根本無明)을 말한 것이다.

(6) 육염심(六染心)

① 지말무명(枝末無明)의 여읨

1) 염심(染心)을 여섯으로 말한 것은 무명(無明)이 어떻게 점점 거칠게 전개되어 가는가 하는 과정을 말한 것인데 순서가 역(逆)으로 되어있다. 이렇게 한 것은 단순히 그 전개과정에 대한 설명에서 그치지 않고 거칠어 여의기 쉬운 것부터 말하여, 그 여읨에 그 뜻을 두었다고 보면 될 것이다. 육염심(六染心)은, 셋은 상응(相應), 셋은 불상응(不相應)이라고 하였다. 뒤에 나오지만 상응(相應)은 심적작용(心的作用)의 주체인 심왕(心王)과 그에 따른 종속적 심적작용인 심소(心所) 간에 서로 응(應)함이 있다는 뜻에서 육추(六麤)의 상태에서 말한 것이고, 불상응(不相應)은 아리야식(阿梨耶識)의 모습을 말한 것으로 심왕(心王)과 심소(心所)가 나뉘지 않아 서로 응함이 없다는 뜻에서 삼세(三細)의 상태에서 말한 것이다.

* 이에 그 전개과정이 육염(六染)으로 나오는데, 이는 보살의 수행위계(修行位階)인 십신(十信) 십주(十住) 십행(十行) 십회향(十廻向) 십지(十地) 등각(等覺) 묘각(妙覺)의 오십이위설(五十二位說)을 전제로 한다. 물론 이런 수행위계가 처음부터 이렇게 체계화되었었느냐 하는 것엔 문제가 있긴 하지만 이에선 어쨌든 이를 가지고 말하고 있다.
1. 십신(十信) : 삼보(三寶)의 이름도 듣지 못하던 범부가 처음으로 한 생각 믿는 마음을 굳게 내 부처님과 같은 보리(菩提)를 얻고자 하는 마음인 보리심(菩提心)을 크게 일으키는 단계이다.
2. 십주(十住) : 주(住)란 보리심에 있어서 신념이 확고하여 퇴전(退轉)하지 않고 보살위(菩薩位)에 안주(安住)하는 것이다. 이해의 단계이다.
3. 십행(十行) : 보살(菩薩)의 행(行)을 실천하는 단계이다. 아직은 자리적(自利的)인 단계이다.
4. 십회향(十廻向) : 회향(廻向)이란 회전취향(廻轉趣向)의 뜻으로 자기가 닦은 선근공덕(善根功德)을 중생이나 또는 자기의 불과(佛果)에 돌려 향하게 하는 것이다. 십행위(十行位)를 지나 이타적(利他的)인 단계이다.

(6) 육염심(六染心)

① 지말무명(枝末無明)의 여읨

5. 십지(十地) : 지(地)란 불지(佛智)를 생성(生成)하고 주지(住持)하여 온갖 중생을 짊어지고 교화함이 대지(大地)가 만물을 싣고 있다는 것과 같다는 뜻이다. 진여를 증득하게 되는 보살수행의 완성단계이다.
 ①환희지(歡喜地) : 깊이 선근(善根)을 심고 행(行)을 닦아 처음으로 출세간(出世間)의 도(道)에 들어 보리(菩提)를 얻어 자타를 이롭게 할 수 있기에 큰 환희(歡喜)를 내고 모든 두려움을 떠나니, 모든 것을 보시(布施)할 수 있고 대비(大悲)로 대원(大願)을 낸다.
 ②이구지(離垢地) : 깊은 마음으로 정계(淨戒)를 지녀 욕계(欲界) 번뇌의 더러움을 멀리 떠나고 자비심을 증장한다.
 ③발광지(發光地) : 위에서 더 나아가 인욕(忍辱)의 행(行)을 하여 욕계(欲界)의 번뇌는 물론 색계(色界) 무색계(無色界)의 업장(業障)까지도 다하여 광명(光明)을 낸다.
 ④염혜지(焰慧地) : 출세간의 지혜를 가져 세간(世間)과 출세간(出世間)이 같은 줄 아니, 끊임없는 정진(精進)으로 세간의 번뇌의 의혹을 끊고 무량(無量)한 지락(志樂)을 성취한다.
 ⑤난승지(難勝地) : 선정(禪定)에 들어 열반(涅槃)의 경지에서 나타나는 평등한 지혜인 진지(眞智)와 차별을 관(觀)하는 지혜인 속지(俗智)를 합해 상응(相應)시킴이 난승(難勝)하다.
 ⑥현전지(現前地) : 연기법(緣起法)을 관하여 지혜를 얻어 세간 출세간의 지혜가 다 현전(現前)한다.
 ⑦원행지(遠行地) : 방편(方便)의 행(行)을 하니, 지혜로써 무량한 중생계에 들어 중생의 행(行)과 같이 하여 한없는 중생교화에 든다.
 ⑧부동지(不動地) : 보리(菩提)를 구하고 중생을 즐겁게 하는 원행(願行)을 하되 지혜가 자재하여 어떠한 번뇌의 장애에도 전연 동요함이 없다.
 ⑨선혜지(善慧地) : 대법사(大法師)가 되어 바른 도리를 분별하고 그를 따라 닦아 나아가는 힘 등을 갖춰 걸림 없는 지혜로 법을 설하여 끊임이 없다.

染心者 有六種 云何爲六.[1]
염심자 유륙종 운하위륙.

⑩법운지(法雲地) : 모든 지혜를 통달하여 무량한 보리(菩提)를 따르고 제불(諸佛)의 대법문(大法門)을 일념(一念)에 다 섭수(攝受)하고 스스로의 원력(願力)으로 대비(大悲)의 구름을 일으켜 갖가지의 몸을 나타내 일념간(一念間)에 모든 국토에 두루 하여 대법(大法)을 연설하고 중생의 즐기는 바를 따라 여러 감로우(甘露雨)를 내려 중생의 온갖 번뇌를 다 없앤다.
 6. 등각(等覺) : 십일지(十一地)이니 보살로선 최후신(最後身)으로 일생보처보살(一生補處菩薩)이라 한다. 불(佛)의 정각(正覺)과 같아 불(佛)의 신통(神通)을 나타내며 항상 본경(本境)에 머무나 아직은 불(佛)이라 할 수 없어 불(佛)에 비하면 보살이나 십지(十地)에 비하면 불(佛)이다. <이 논(論)에선 이 등각위(等覺位)에 대한 언급이 없다.>
 7. 묘각(妙覺) : 온갖 번뇌를 끊고 지혜가 완전하여 스스로도 깨닫고 남도 깨닫게 하는 각행(覺行)이 원만한 무상정각(無上正覺)의 불위(佛位)이다.
 이 중 십신(十信)은 외범위(外凡位)라 하고, 십주(十住) 십행(十行) 십회향(十廻向)은 삼현(三賢)이라 하며 내범위(內凡位)라 한다.

 각 단계가 십위(十位)인 것은 단계마다 처음엔 보시(布施)를 위주로 다음엔 지계(持戒)를 위주로 이렇게 차례로 인욕(忍辱) 정진(精進) 선정(禪定) 반야(般若) 방편(方便) 원(願) 역(力) 지(智)를 위주로 십바라밀(十波羅蜜)을 수행하기 때문이다. 하지만 이 덕목(德目)들은 따로 있는 것이 아니니 각각의 덕목 안에 나머지 아홉 가지 덕목이 다 들어있어 일바라밀(一波羅蜜)이 십바라밀(十波羅蜜)이요, 십바라밀(十波羅蜜)이 백바라밀(百波羅蜜)이 된다. 이 중 방편(方便) 원(願) 역(力) 지(智)의 사바라밀(四波羅蜜)은 앞의 육바라밀(六波羅蜜)의 조반(助伴)이 되는 것이다.
 바라밀행은 다른 온갖 덕목(德目)을 다 섭수하고 있어 그 어느 덕목과도 결코 다른 것이 아니며, 그렇기에 보살의 대표적 수행법이라 하는 것이다. 예를 들면 불교의 필수적인 수행법을 셋으로 말한 삼학(三學)과도 같고, 불(佛)의 속성인 복덕(福德)과 지혜(智慧)도 이에서 구족되는 것이다.

염심(染心)이란 것에 여섯 가지가 있으니 어떠한 것이 여섯 가지인가.

一波羅蜜 = 十波羅蜜 = 百波羅蜜

	布施	持戒	忍辱	精進	禪定	般若	方便	願	力	智
持戒	布施	″	″	″	″	″	″	″	″	
忍辱	″	持戒	″	″	″	″	″	″	″	
精進	″	″	忍辱	″	″	″	″	″	″	
禪定	″	″	″	精進	″	″	″	″	″	
般若	″	″	″	″	禪定	″	″	″	″	
方便	″	″	″	″	″	般若	″	″	″	
願	″	″	″	″	″	″	方便	″	″	
力	″	″	″	″	″	″	″	願	″	
智	″	″	″	″	″	″	″	″	力	

십바라밀(十波羅蜜)		계(戒)·정(定)·혜(慧) 삼학(三學)	복·혜(福·慧) 구족(具足)
반(伴)	주(主)		
방편(方便)	보시(布施)	계학(戒學)의 증상(增上)	복덕(福德)의 자량(資糧)
	지계(持戒)		
	인욕(忍辱)		
원(願)	정진(精進)	삼학(三學)에 두루 함	복·혜(福·慧)의 양자량(兩資糧)
력(力)	선정(禪定)	정학(定學)의 증상(增上)	
지(智)	반야(般若)	혜학(慧學)의 증상(增上)	지혜(智慧)의 자량(資糧)

一者 執相應染, 依二乘解脫及信相應地 遠離故.[1]
일자 집상응염, 의이승해탈급신상응지 원리고.

二者 不斷相應染, 依信相應地 修學方便 漸漸能捨 得淨心地 究
이자 부단상응염, 의신상응지 수학방편 점점능사 득정심지 구

竟離故.[2]
경리고.

三者 分別智相應染, 依具戒地漸離 乃至無相方便地 究竟離故.[3]
삼자 분별지상응염, 의구계지점리 내지무상방편지 구경리고.

四者 現色不相應染, 依色自在地 能離故.[4]
사자 현색불상응염, 의색자재지 능리고.

---

1) 집상응염(執相應染)은 집착에서 비롯되는 염심(染心)을 말하니, 의식(意識)이 일으키는 것으로 이승(二乘) 즉 소승(小乘)인 성문(聲聞)과 연각(緣覺)이 얻는 해탈(解脫)이나 보살로서는 십신(十信)의 위(位)를 지나 삼현(三賢) 즉 십주(十住) 십행(十行) 십회향(十廻向)의 위(位)<신상응지(信相應地)>에 이르러 멀리 여의게 된다는 것이다.
2) 부단상응염(不斷相應染)은 부단(不斷)하게 이어지는 염심(染心)을 말하니, 이것은 상속식(相續識)이 일으키는 것으로 구상(九相)으로 보면 상속상(相續相)에 해당하며, 보살이 십지(十地)의 위(位)에 오르되 정심지(淨心地) 즉 초지(初地)인 환희지(歡喜地)에서 여의게 된다는 것이다. 십지위(十地位)에 오른 보살은 등지보살(登地菩薩)이라고 하고, 아직 십지위(十地位)에 오르지 못한 보살은 미등지보살(未登地菩薩)이라고 한다.

첫째는 집상응염(執相應染)이니, 이승(二乘)의 해탈(解脫)과 신상응지(信相應地)에 의해 멀리 여의는 까닭이다.

둘째는 부단상응염(不斷相應染)이니, 신상응지(信相應地)에 의해 방편(方便)을 수학(修學)하여 점점 능히 버려 정심지(淨心地)를 얻어 구경(究竟)에 여의는 까닭이다.

셋째는 분별지상응염(分別智相應染)이니, 구계지(具戒地)에 의하여 점차 여의어 무상방편지(無相方便地)에 이르러 구경(究竟)에 여의는 까닭이다.

넷째는 현색불상응염(現色不相應染)이니, 색자재지(色自在地)에 의하여 능히 여의는 까닭이다.

---

3) 분별지상응염(分別智相應染)은 분별지(分別智) 때문에 생기는 염심(染心)을 말하니, 이것은 지식(智識)이 일으키는 것으로 구상(九相)으로 보면 추상(麤相)인 지상(智相)에 해당하며, 구계지(具戒地) 즉 제이지(第二地)인 이구지(離垢地)에 이르러 점차 여의기 시작하여 무상방편지(無相方便地) 즉 제칠지(第七地)인 원행지(遠行地)에 이르면 다 여의게 된다는 것이다.
4) 현색불상응염(現色不相應染)은 객관적인 인식대상이 생김에 따라 나타나는 것으로 현식(現識)으로서의 염심(染心)이니, 구상(九相)으로 보면 삼세(三細) 중 현상(現相) 즉 경계상(境界相)에 해당하며, 보살의 십지(十地) 중 색자재지(色自在地) 즉 제팔지(第八地)인 부동지(不動地)에 이르면 능히 여읜다는 것이다.

五者 能見心不相應染, 依心自在地 能離故.¹⁾
오자 능견심불상응염, 의심자재지 능리고.

六者 根本業不相應染, 依菩薩盡地 得入如來地 能離故.²⁾
육자 근본업불상응염, 의보살진지 득입여래지 능리고.

---

1) 능견심불상응염(能見心不相應染)은 주관과 객관이 나뉨으로 인하여 나타나는 것으로 전식(轉識)으로서의 염심(染心)이니, 구상(九相)으로 보면 삼세(三細) 중 능견상(能見相)에 해당하며, 보살이 십지(十地) 중 심자재지(心自在地) 즉 제구지(第九地)인 선혜지(善慧地)에 이르러 능히 여읜다는 것이다.
2) 근본업불상응염(根本業不相應染)은 근본무명(根本無明)인 업식(業識)으로서의 염심(染心)이니 구상(九相)으로 보면 삼세(三細) 중 무명업상(無明業相)에 해당하며, 보살이 십지(十地) 중 진지(盡地) 즉 제십지(第十地)인 법운지(法雲地)에 이르러 여래지(如來地)에 들어가야 능히 여읜다는 것이다.

이상의 육염심(六染心)은 앞에 나온 구상(九相)을 다시 나누어 설명한 것임을 알 수 있다. 단 구상(九相) 중 기업상(起業相)은 번뇌 즉 혹(惑)에 따라 업(業)을 지음이니 혹(惑)·업(業)·고(苦) 중 <업(業)>이고, 업계고상(業繫苦相)은 그에 따른 <고(苦)>라, 이 두 상(相)은 제외하고 <혹(惑)>인 나머지 칠상(七相)만을 취하여 말한 것으로 보기도 한다.

그리고 순서가 추상(麤相)으로부터 시작하여 세상(細相)에 이르도록 되어 있는 것은 여의는데 뜻이 있을 것이다. 즉 중생은 어쨌든 유전(流轉)되어 있는 존재이니 중생의 입장에서 환멸(還滅)의 과정으로 말한 것이라고 보이기 때문이다.

다섯째는 능견심불상응염(能見心不相應染)이니, 심자재지(心自在地)에 의하여 능히 여의는 까닭이다.

여섯째는 근본업불상응염(根本業不相應染)이니, 보살의 진지(盡地) <즉 제십(第十) 법운지(法雲地)>에 의하여 여래지(如來地) <즉 묘각(妙覺)>에 들어가 능히 여의는 까닭이다.

육염 (六染)					
	집상응염 (執相應染)	의식 (意識)	업계고상 (業繫苦相)	이승 (二乘)	성문(聲聞) 연각(緣覺)
			기업상 (起業相)	신상응지 (信相應地)	십신(十信) 삼현(三賢) 십주(十住) 십행(十行) 십회향(十廻向)
			계명자상 (計名字相)		
			집취상 (執取相)		
	부단상응염 (不斷相應染)	상속식 (相續識)	상속상 (相續相)	정심지 (淨心地)	제1 환희지 (歡喜地)
	분별지상응염 (分別智相應染)	지식 (智識)	지상 (智相)	구계지 (具戒地) ~ 무상방편지 (無上方便地)	제2 이구지 (離垢地) ~ 제7 원행지 (遠行地)
	현색불상응염 (現色不相應染)	현식 (現識)	경계상 (境界相)	색자재지 (色自在地)	제8 부동지 (不動地)
	능견심불상응염 (能見心不相應染)	전식 (轉識)	능견상 (能見相)	심자재지 (心自在地)	제9 선혜지 (善慧地)
	근본업불상응염 (根本業不相應染)	업식 (業識)	무명업상 (無明業相)	진지 (盡地) ~ 여래지 (如來地)	제10 법운지 (法雲地) ~ 묘각 (妙覺)

* 이 대승기신론에서는 보살의 십지(十地)를 말함에 일반적으로 알려져 있는 구분을 택하지 않고 정심지(淨心地)이니 구계지(具戒地)이니 하는 다른 구분을 택하고 있다. 이유야 알 수 없지만 내용적으론 다른 것이 아니고 또한 어떤 면에선 더 간결해보이기도 하니 그대로 받아들이면 될 것이다.

② 근본무명(根本無明)의 여읨

不了一法界義者 從信相應地 觀察學斷, 入淨心地 隨分得離, 乃
불료일법계의자 종신상응지 관찰학단, 입정심지 수분득리, 내

至如來地 能究竟離故.[1)]
지여래지 능구경리고.

言相應義者 謂 心念法異 依染淨差別 而知相緣相同故,[2)] 不相應
언상응의자 위 심념법이 의염정차별 이지상연상동고, 불상응

義者 謂 卽心不覺 常無別異 不同知相緣相故.[3)]
의자 위 즉심불각 상무별이 부동지상연상고.

---

1) 환멸(還滅)의 과정을 말한 것이다. 신상응지(信相應地)란 십신(十信) 삼현(三賢)의 위(位)이니 이 위(位)에서부터 관찰하여 배워 끊으며, 십지(十地)의 위(位)에 올라 초지(初地)인 정심지(淨心地) 즉 환희지(歡喜地)부터는 분(分)에 따라 염심(染心)을 여의어가며, 여래지(如來地)에 이르러 일법계(一法界)를 완전히 요달(了達)하게 된다는 것이다.
2) 심적작용(心的作用)의 주체인 심왕(心王)과 그에 따라 일어나는 종속적 심적작용인 심소(心所)는 다르다. 그런데 대경(對境)인 염법(染法) 즉 더러운 것과 정법(淨法) 즉 깨끗한 것의 차별적인 세계는 모두 마음에서 전개되는 것이라, 마음이 더러우면 그 세계도 더럽고 마음이 깨끗하면 그 세계도 깨끗하니, 심왕(心王)이 더러우면 심소(心所)도 더럽고 심왕(心王)이 깨끗하면 심소(心所)도 깨끗하다. 따라서 심왕(心王) 심소(心所)의 모습<지상(知相)>과 세계의 모습<연상(緣相)>이 같다. 이를 서로 응한다는 뜻으로 상응(相應)이라고 한 것이다. 집상응염(執相應染) 부단상응염(不斷相應染) 분별지상응염(分別智相應染)에서의 상응(相應)의 의미를 설명한 것이다.

② 근본무명(根本無明)의 여읨

일법계(一法界)를 요달(了達)하지 못한다는 뜻이란 신상응지(信相應地)로부터 관찰해 배워 끊으니, 정심지(淨心地)에 들어 분(分)에 따라 여의며, 여래지(如來地)에 이르러 능히 구경(究竟)하여 여의는 까닭이다.

상응(相應)이라고 말하는 뜻은 심(心)과 염법(念法)이 다르나 염(染)과 정(淨)의 차별에 의하여 지상(知相)과 연상(緣相)이 같기 때문에 이르는 것이며, 불상응(不相應)의 뜻이란 심(心)에 즉(卽)한 불각(不覺)을 말함이니 항상 구별과 다름이 없어 지상(知相) 연상(緣相)과 같지 아니하기 때문에 이르는 것이다.

---

3) 일심진여(一心眞如)에 즉(卽)한 불각(不覺)<즉심불각(卽心不覺)>은 심왕(心王) 심소(心所)가 완전하게 나뉘기 이전이라 그에 따른 대경(對境)이 없다. 그렇기 때문에 이 불각(不覺)은 심왕(心王) 심소(心所)와 그 대경(對境)이 따로 구별되거나 다름이 없다. 따라서 앞의 상응(相應)의 경우와는 달리 지상(知相)과 연상(緣相)이 있어 서로 상응하는 것이 아니니, 이런 상태를 불상응(不相應)이라고 한 것이다. 현색불상응염(現色不相應染) 능견심불상응염(能見心不相應染) 근본업불상응염(根本業不相應染)에서의 불상응(不相應)의 의미를 설명한 것이다.

又染心義者 名爲煩惱礙 能障眞如根本智[1]故, 無明義者 名爲智
우염심의자 명위번뇌애 능장진여근본지 고, 무명의자 명위지

礙 能障世間自然業智[2]故.
애 능장세간자연업지 고.

此義云何. 以依染心 能見 能現 妄取境界[3] 違平等性故, 以一切
차의운하. 이의염심 능견 능현 망취경계 위평등성고, 이일체

法常靜 無有起相[4] 無明不覺 妄與法違故 不能得隨順世間一切境
법상정 무유기상 무명불각 망여법위고 불능득수순세간일체경

界種種智故.[5]
계종종지고.

---

1) 진여근본지(眞如根本智) : 진여(眞如)와 합일(合一)된 근본지(根本智)를 말한다. 진지(眞智) 또는 여리지(如理智)라고도 한다.
2) 세간자연업지(世間自然業智) : 세간에서 걸림 없이 자연스럽게 활동할 수 있는 지혜이니 후득지(後得智)를 말한다. 속지(俗智) 또는 여량지(如量智)라고도 한다.
3) 능견 능현 망취경계(能見能現 妄取境界) : 능견(能見)은 능견상(能見相)을 말하고, 능현(能現)은 경계상(境界相)을 말하며, 망취경계(妄取境界) 즉 망령되게 경계를 취한다고 한 것은 지상(智相) 상속상(相續相) 집취상(執取相)으로 이어짐을 말한 것으로 보면 될 것이다.
4) 일체법상정 무유기상(一切法常靜 無有起相) : 모든 사물은 본성(本性)이 본래 항상 고요하여 어떠한 기복(起伏)이나 변이(變異) 같은 것을 일으킴이 없다는 뜻이다.

또한 염심(染心)의 뜻이란 번뇌애(煩惱礙)라고 하니 능히 진여근본지(眞如根本智)를 장애하는 까닭이며, 무명(無明)의 뜻이란 지애(智礙)라고 하니 능히 세간자연업지(世間自然業智)를 장애하는 까닭이다.

이 뜻은 어떠한가. 염심(染心)에 의하여 능견(能見)하고<능견상(能見相)> 능현(能現)하여<경계상(境界相)> 망령되게 경계를 취하여 평등성(平等性)에 어긋나는 까닭이며, 일체법(一切法)은 <그 법성(法性)이> 항상 고요하여 일어나는 상(相)이 없으나 무명불각(無明不覺)이 망령되게 법(法)에 어긋나기 때문에 세간의 온갖 경계(境界)를 수순(隨順)하는 갖가지의 지혜를 얻지 못하는 까닭이다.

---

5) 염심(染心)은 번뇌애(煩惱礙)이니 진여근본지(眞如根本智)를 장애한다는 것은 진여근본지(眞如根本智)는 본래 어떠한 상대성 차별상도 다 떠나 평등한 것인데 염심(染心)에 의하여 능견상(能見相) 경계상(境界相) 지상(智相) 상속상(相續相) 집취상(執取相) 등이 일어나 견혹(見惑) 사혹(思惑)의 번뇌로 그 평등성(平等性)에 어긋나게 되기 때문에 이른 말이다.

그리고 무명(無明)은 지애(智礙)이니 세간자연업지(世間自然業智)를 장애한다는 것은 모든 사물은 본래 그 법성(法性)이 고요한 것인데 무명(無明)의 불각(不覺)이 망심(妄心)과 그런 법성(法性)을 어긋나게 하여 세간에 자유자재하며 중생을 교화함을 장애하기 때문에 이른 말이다.

3) 생멸(生滅)의 상(相)

復次 分別生滅相者 有二種 云何爲二.
부차 분별생멸상자 유이종 운하위이.

一者 麤 與心相應故, 二者 細 與心不相應故.[1]
일자 추 여심상응고, 이자 세 여심불상응고.

又 麤中之麤 凡夫境界, 麤中之細及細中之麤 菩薩境界, 細中之
우 추중지추 범부경계, 추중지세급세중지추 보살경계, 세중지

細 是佛境界.[2]
세 시불경계.

---

1) 마음과 상응(相應)한다는 것은 대상경계(對象境界)가 있는 경우를 말하는 것이고, 마음과 상응하지 않는다는 것은 대상경계가 없는 경우를 말하는 것이다.
2) 앞에서 생멸(生滅)의 상(相)을 구상(九相)으로 구분하였는데, 이에서는 네 가지로 구분하였다. 앞에 나온 내용을 참고로 하여 종합해보면 다음과 같다.

3) 생멸(生滅)의 상(相)

또한 생멸(生滅)의 상(相)을 분별한다는 것에는 두 가지가 있으니 어떠한 것이 두 가지인가.

첫째는 추(麤)<즉 거친 것>이니 마음과 상응(相應)하는 까닭이며, 둘째는 세(細)<즉 미세한 것>이니 마음과 상응하지 않는 까닭이다.

또 추(麤麤) 중의 추(麤)는 범부(凡夫)의 경계(境界)이며, 추(麤) 중의 세(細)와 세(細) 중의 추(麤)는 보살(菩薩)의 경계이며, 세(細) 중의 세(細)는 불(佛)의 경계이다.

구상 (九相)	삼세 (三細)	무명업상(無明業相)	세중세 (細中細)	불(佛)의 경지에서 깨달음
		능견상(能見相)	세중추 (細中麤)	보살의 경지에서 깨달음
		경계상(境界相)		
	육추 (六麤)	지상(智相)	추중세 (麤中細)	
		상속상(相續相)		
		집취상(執取相)	추중추 (麤中麤)	범부의 경지에서 깨달음
		계명자상(計名字相)		
		기업상(起業相)		
		업계고상(業繫苦相)		

此二種生滅 依於無明熏習而有 所謂依因依緣. 依因者 不覺義故,
차이종생멸 의어무명훈습이유 소위의인의연. 의인자 불각의고,

依緣者妄作境界義故. 若因滅則緣滅, 因滅故 不相應心滅, 緣滅故
의연자망작경계의고. 약인멸즉연멸, 인멸고 불상응심멸, 연멸고

相應心滅.[1]
상응심멸.

問曰. 若心滅者 云何相續, 若相續[2]者 云何說究竟滅.
문왈. 약심멸자 운하상속, 약상속 자 운하설구경멸.

答曰. 所言滅者 唯心相[3]滅 非心體[4]滅 如風依水而有動相. 若水
답왈. 소언멸자 유심상 멸 비심체 멸 여풍의수이유동상. 약수

滅者 則風相斷絶 無所依止 以水不滅 風相相續, 唯風滅故 動相
멸자 즉풍상단절 무소의지 이수불멸 풍상상속, 유풍멸고 동상

隨滅 非是水滅.[5]
수멸 비시수멸.

---

1) 생멸(生滅)은 무명(無明)의 훈습(熏習)으로 있게 되니, 그 인(因)은 불각(不覺), 연(緣)은 염심(染心)이 만든 경계(境界)이다. 경계가 없으면 불상응(不相應), 경계가 있으면 상응(相應)이라, 인(因)이 멸하면 불상응(不相應)의 마음이 멸하고, 연(緣)이 멸하면 상응(相應)의 마음이 멸한다고 한 것이다.
2) 상속(相續) : 구상(九相) 즉 삼세(三細) 육추(六麤)의 모습으로 염심(染心)이 계속 이어져가는 것을 말한다.
3) 심상(心相) : 현상적으로 나타나는 마음의 작용 모습. 다음 구절에 '오로지 어리석음만이 멸하므로 심상(心相)이 따라서 멸한다(唯癡滅故 心相

이 <추(麤)와 세(細)의> 두 가지의 생멸(生滅)은 무명(無明)의 훈습(熏習)에 의하여 있으니 소위 인(因)에 의하고 연(緣)에 의함이다. 인(因)에 의한다는 것은 불각(不覺)의 뜻이기 때문이요, 연(緣)에 의한다는 것은 망령되게 경계(境界)를 만든다는 뜻이기 때문이다. 인(因)이 멸하면 곧 연(緣)이 멸하니, 인(因)이 멸하므로 불상응(不相應)의 마음이 멸하고, 연(緣)이 멸하므로 상응(相應)의 마음이 멸한다.

묻는다. 만약 마음이 멸한다면 어떻게 상속(相續)하며, 만약 상속(相續)한다면 어떻게 구경(究竟)의 멸(滅)을 설하는가.

답한다. 멸(滅)이라고 하는 것은 오로지 심상(心相)이 멸하는 것이지 심체(心體)가 멸하는 것이 아니니 바람이 물에 의하여 움직이는 모습이 있는 것과 같다. 물이 없어진다면 바람의 모습도 단절되어 의지(依止)할 바가 없을 것이나 물이 없어지지 않기에 바람의 모습도 계속 이어져가니, 단지 바람이 없어지기에 움직이는 모습이 따라서 없어지나 이것은 물이 없어지는 것이 아니다.

隨滅)'는 말로 미루어보아 이 심상(心相)은 염심(染心)이 동요하는 모습을 말한 것으로 보아야 할 것이다.
 4) 심체(心體) : 불변(不變)하는 마음의 본체(本體). 즉 아리야식(阿梨耶識)의 진여당체(眞如當體)를 말한 것이다.
 5) 심체(心體)의 불멸(不滅)과 심상(心相)의 멸(滅)을 물과 바람에 비유한 것이다. 물을 근거로 하여 바람이 움직이는 모습을 나타내나 그 움직이는 모습이 없어진다고 하여 물이 없어지는 것이 아닌 것처럼, 심상(心相)이 멸한다고 하여 심체(心體)가 멸하는 것이 아니라는 말이다.

無明亦爾 依心體而動 若心體滅 則衆生斷絶 無所依止, 以體不滅
무명역이 의심체이동 약심체멸 즉중생단절 무소의지, 이체불멸

心得相續. 唯癡滅故 心相隨滅 非心智[1]滅.
심득상속. 유치멸고 심상수멸 비심지 멸.

---

1) 심지(心智) : 진여본각(眞如本覺)을 말한다.

무명(無明)도 또한 이와 같아 심체(心體)에 의하여 움직이니 만약 심체(心體)가 멸(滅)하면 곧 중생이 단절되어 의지(依止)할 바가 없을 것이나, 체(體)는 멸하지 않기에 마음이 <삼세(三細) 육추(六麤)의 상(相)으로> 상속(相續)한다. 단지 <무명불각(無明不覺)의> 어리석음만이 멸하기에 심상(心相)이 이에 따라서 멸하나 심지(心智)가 멸하는 것은 아니다.

4) 훈습(熏習)

(1) 염정(染淨)의 사법(四法)

復次 有四種法 熏習義故 染法淨法 起不斷絶 云何爲四.
부차 유사종법 훈습의고 염법정법 기부단절 운하위사.

一者 淨法 名爲眞如, 二者 一切染因 名爲無明, 三者 妄心 名爲
일자 정법 명위진여, 이자 일체염인 명위무명, 삼자 망심 명위

業識, 四者 妄境界 所謂六塵.[1]
업식, 사자 망경계 소위육진.

(2) 훈습(熏習)의 뜻

熏習義者, 如世間衣服 無實於香 若人 以香而熏習故 則有香氣,
훈습의자, 여세간의복 무실어향 약인 이향이훈습고 즉유향기,

此亦如是 眞如淨法 實無於染 但以無明而熏習故 則有染相, 無明
차역여시 진여정법 실무어염 단이무명이훈습고 즉유염상, 무명

染法 實無淨業 但以眞如而熏習故 則有淨用.[2]
염법 실무정업 단이진여이훈습고 즉유정용.

---

1) 진여(眞如) 무명(無明) 업식(業識) 육진(六塵)으로 염정(染淨)을 말한 것이다.
2) 훈습(熏習)의 뜻을 정(淨)은 염(染)에 의해 훈습되고, 염(染)은 정(淨)에 의해 훈습됨을 밝힌 것이다. 무명의 훈습은 유전(流轉)의 연기(緣起)를 말한 것이고, 진여의 훈습은 환멸(還滅)의 연기(緣起)를 말한 것이다.

4) 훈습(熏習)

(1) 염정(染淨)의 사법(四法)

 또한 네 가지의 법(法)이 있어 훈습의 뜻인 까닭으로 염법(染法)과 정법(淨法)이 일어나 단절하지 않으니 어떠한 것이 네 가지인가.
 첫째는 정법(淨法)이니 진여(眞如)라 하고, 둘째는 모든 염법(染法)의 인(因)이니 무명(無明)이라 하고, 셋째는 망심(妄心)이니 업식(業識)이라 하고, 넷째는 망령된 경계이니 소위 <색(色)·성(聲)·향(香)·미(味)·촉(觸)·법(法)의> 육진(六塵)이다.

(2) 훈습(熏習)의 뜻

 훈습(熏習)의 뜻이란, 세간의 의복이 실로 향기가 없지만 만약 사람이 향(香)으로써 훈습한다면 그 때문에 곧 향기가 있는 것처럼, 이것도 또한 이와 같아 진여(眞如)의 정법(淨法)은 실로 물듦이 없지만 단지 무명(無明)으로써 훈습하는 까닭으로 곧 물든 모습이 있게 되고, 무명(無明)의 염법(染法)은 실로 깨끗한 업(業)이 없지만 단지 진여(眞如)로써 훈습하는 까닭으로 곧 깨끗한 작용이 있게 된다.

염법훈습 (染法熏習)	염인(染因) = 무명(無明) 망심(妄心) = 업식(業識) 망경계(妄境界) = 육진(六塵)	→ 진여	→ 미계(迷界)	유전 (流轉)
정법훈습 (淨法熏習)	진여(眞如)	→ 무명	→ 오계(悟界)	환멸 (還滅)

(3) 염법훈습(染法熏習), 유전연기(流轉緣起)

云何熏習 起染法不斷. 所謂 以依眞如法故 有於無明 以有無明
운하훈습 기염법부단. 소위 이의진여법고 유어무명 이유무명

染法因故 卽熏習眞如,[1] 以熏習故 則有妄心, 以有妄心 卽熏習無
염법인고 즉훈습진여,   이훈습고 즉유망심, 이유망심 즉훈습무

明 不了眞如法故 不覺念起 現妄境界, 以有妄境界染法緣故 卽熏
명 불료진여법고 불각념기 현망경계, 이유망경계염법연고 즉훈

習妄心 令其念著 造種種業 受於一切身心等苦.[2]
습망심 영기념착 조종종업 수어일체신심등고.

① 망경계훈습(妄境界熏習)

此妄境界熏習義 則有二種 云何爲二.
차망경계훈습의 즉유이종 운하위이.

一者 增長念熏習, 二者 增長取熏習.[3]
일자 증장념훈습, 이자 증장취훈습.

---

1) <진여법(眞如法)에 의하는 까닭에 무명(無明)이 있다>는 것은 근본무명(根本無明)이 진여(眞如)에 의해 일어남을 밝힌 것이고, <무명염법(無明染法)의 인(因)이 있는 까닭에 곧 진여(眞如)를 훈습(熏習)한다>는 것은 그런 무명염법의 인(因)인 근본무명이 진여를 훈습함을 밝힌 것이다.
2) 염법(染法)이 정법(淨法)을 훈습하는 과정을 밝힌 것이다. 진여를 근거로 하여 무명이 있는데, 무명은 염법(染法)의 원인이 되어 진여를 훈습해 망심(妄心)을 내게 하고, 망심은 다시 무명을 훈습해 진여를 못 깨닫게 하니

(3) 염법훈습(染法熏習), 유전연기(流轉緣起)

어떻게 훈습(熏習)하여 염법(染法)을 일으켜 끊어지지 않는가. 소위 진여(眞如)의 법(法)에 의하는 까닭에 무명(無明)이 있고, 무명염법(無明染法)의 인(因)이 있는 까닭에 곧 진여(眞如)를 훈습하며, 훈습하는 까닭에 곧 망심(妄心)이 있으며, 망심(妄心)이 있음으로 곧 무명(無明)을 훈습하여<무명업상(無明業相)> 진여(眞如)의 법(法)을 요달(了達)하지 못하는 까닭으로 불각(不覺)의 생각이 일어나 <능견상(能見相)> 망령된 경계를 나타내고,<경계상(境界相)> 망령된 경계의 염법(染法)의 연(緣)이 있는 까닭으로 곧 망심(妄心)을 훈습하여 그를 염착(念著)하게 하여 <지상(智相) 상속상(相續相) 집취상(執取相) 계명자상(計名字相)> 갖가지의 업(業)을 지어<기업상(起業相)> 온갖 몸과 마음의 괴로움을 받게 한다.<업계고상(業繫苦相)>

① 망경계훈습(妄境界熏習)

이 망경계훈습(妄境界熏習)의 뜻에는 두 가지가 있으니 어떠한 것이 두 가지인가.

첫째는 증장념훈습(增長念熏習)이오, 둘째는 증장취훈습(增長取熏習)이다.

온갖 생각이 일어나 경계를 지어내고, 그 경계가 다시 계기가 되어 망심을 훈습해 집착이 생겨 이로 인해 업(業)을 지어 결국 고통을 받게 된다는 것이다.
 3) 증장념훈습(增長念熏習)은 망념을 증장시키는 훈습으로 지상(智相) 상속상(相續相)이 증장하게 됨을, 증장취훈습(增長取熏習)은 집착을 증장시키는 훈습으로 집취상(執取相) 계명자상(計名字相)이 증장하게 됨을 말하니, 망경계훈습(妄境界熏習)은 허망한 경계를 연(緣)으로 하여 망심을 훈습하여 다시 지상(智相) 내지 계명자상(計名字相)으로 증장하게 된다는 면에서 말한 것이다.

② 망심훈습(妄心熏習)

妄心熏習義 則有二種 云何爲二.
망심훈습의 즉유이종 운하위이.

一者 業識根本熏習, 能受阿羅漢辟支佛一切菩薩生滅苦故.
일자 업식근본훈습, 능수아라한벽지불일체보살생멸고고.

二者 增長分別事識熏習, 能受凡夫業繫苦故.[1]
이자 증장분별사식훈습, 능수범부업계고고.

---

1) 업식근본훈습(業識根本熏習)은 업식(業識)이 근본무명에 의하여 훈습되어 능견상(能見相) 경계상(境界相)을 일으키는 것으로 성문(聲聞)인 아라한(阿羅漢)과 벽지불(辟支佛) 보살(菩薩)들이 이로 인하여 고(苦)를 받게 된다는 뜻에서 이른 말이고, 증장분별사식훈습(增長分別事識熏習)은 분별사식(分別事識)을 증장시키는 훈습으로 지식(智識)이 다시 무명(無明)에 의하여

② 망심훈습(妄心熏習)

 망심훈습(妄心熏習)의 뜻에 곧 두 가지가 있으니 어떠한 것이 두 가지인가.

 첫째는 업식근본훈습(業識根本熏習)이니, 능히 아라한(阿羅漢) 벽지불(辟支佛) 일체(一切)의 보살(菩薩)이 생멸(生滅)의 고(苦)를 받는 까닭이다.

 둘째는 증장분별사식훈습(增長分別事識熏習)이니, 능히 범부가 업계(業繫)의 고(苦)를 받는 까닭이다.

 훈습되어 상속상(相續相) 집취상(執取相) 계명자상(計名字相)을 일으켜 업(業)을 지어<기업상(起業相)> 범부들이 고(苦)를 받는다<업계고상(業繫苦相)>는 뜻에서 이른 말이니, 망심훈습(妄心熏習)이란 망심(妄心)이 무명(無明)을 훈습하여 결국은 생사(生死)의 괴로움에 이르게 된다는 면에서 말한 것이다.

③ 무명훈습(無明熏習)

無明熏習義 有二種 云何爲二.
무명훈습의 유이종 운하위이.

一者 根本熏習, 以能成就業識義故.
일자 근본훈습, 이능성취업식의고.

二者 所起見愛熏習, 以能成就分別事識義故.[1]
이자 소기견애훈습, 이능성취분별사식의고.

---

1) 근본훈습(根本熏習)은 진여(眞如)가 무명(無明)의 훈습에 의하여 처음 동요함을, 소기견애훈습(所起見愛熏習)은 그 다음 견(見) 즉 견혹(見惑)과 애(愛) 즉 수혹(修惑)을 일으키는 훈습으로 분별사식(分別事識)을 일으킴을 말한 것이니, 무명훈습(無明熏習)이란 근본무명(根本無明)이 일어나 구상(九相)을 이룬다는 총체적인 면에서 말한 것이다.

<무명훈습(無明熏習)>
　무명(無明)이 진여(眞如)를 훈습(熏習)하여 망심(妄心)이 있게 되고
<망심훈습(妄心熏習)>
　그 망심(妄心)이 다시 진여(眞如)를 훈습(熏習)하여 망경계(妄境界)를 내고
<망경계훈습(妄境界熏習)>
　그 망경계(妄境界)가 다시 망심(妄心)을 훈습(熏習)하여 집착심(執着心)을 내 업(業)을 짓게 되고 결국 고(苦)를 받게 된다.

③ 무명훈습(無明熏習)

 무명훈습(無明熏習)의 뜻에 두 가지가 있으니 어떠한 것이 두 가지인가.

 첫째는 근본훈습(根本熏習)이니, 능히 업식(業識)을 성취한다는 뜻이기 때문이다.

 둘째는 소기견애훈습(所起見愛熏習)이니, 능히 분별사식(分別事識)을 성취한다는 뜻이기 때문이다.

불각 (不覺)	근본불각 (根本不覺)	지말불각(枝末不覺) 구상(九相)								
		아리야식(阿梨耶識)			분별사식(分別事識)					
염법훈습 (染法熏習)	(無明)	업식(業識)	전식(轉識)	현식(現識)	지식(智識)	상속식(相續識)				
		무명업상(無明業相)	능견상(能見相)	경계상(境界相)	지상(智相)	상속상(相續相)	집취상(執取相)	계명자상(計名字相)	기업상(起業相)	업계고상(業繫苦相)
무명훈습 (無明熏習)	근본훈습 (根本熏習)									
	소기견애훈습 (所起見愛熏習)									
망심훈습 (妄心熏習)	업식근본훈습 (業識根本熏習)									
					증장분별사식훈습 (增長分別事識熏習)					
망경계훈습 (妄境界熏習)					증장념훈습 (增長念熏習)					
							증장취훈습 (增長取熏習)			

(4) 정법훈습(淨法熏習), 환멸연기(還滅緣起)

云何熏習 起淨法不斷. 所謂 以有眞如法故 能熏習無明.
운하훈습 기정법부단. 소위 이유진여법고 능훈습무명

* 진여법(眞如法)이 있기 때문에 능히 무명(無明)을 훈습하여 망심(妄心)으로 '생사(生死)의 고(苦)를 싫어하고 열반(涅槃)을 즐겨 구하게 한다'고 한 것부터 '열반(涅槃)을 얻어 자연업(自然業)을 이룬다'고 한 것까지의 과정을 원효스님은 다섯 단계로 나누어 보았다.

제1 단계. 이차망심유염구인연고 즉훈습진여 자신기성(以此妄心有厭求因緣故 則熏習眞如 自信己性) : 생사(生死)의 고(苦)를 싫어하고 열반(涅槃)을 구하고자 함이 있다는 것은 망심(妄心)에 법신(法身) 즉 여래장(如來藏)이 있음을 알게 됨이라 이것은 자기 마음의 본성을 확신하는 것으로 보살로서의 수행의 첫 단계라 할 수 있다. <십신(十信)>

(4) 정법훈습(淨法熏習), 환멸연기(還滅緣起)

어떻게 훈습(熏習)하여 정법(淨法)을 일으켜 끊어지지 않는가. 소위 진여법(眞如法)이 있기 때문에 능히 무명(無明)을 훈습한다. <진여훈습(眞如熏習)>

제2 단계. 지심망동 무전경계 수원리법(知心妄動 無前境界 修遠離法) : 진여의 마음이 무명(無明)에 의해 망령되게 움직여서 업상(業相) 능견상(能見相) 경계상(境界相)이 되면서 대경(對境)을 만들어 냄이라 이런 유심(唯心)의 이치를 알고<십주(十住)>, 스스로 그릇된 경계에의 속박을 멀리 여의고 바르게 살고자 하며<십행(十行)>, 남에도 또한 그렇게 하도록 한다.<십회향(十廻向)>

以熏習因緣力故　則令妄心　厭生死苦　樂求涅槃. 以此妄心有厭求
이훈습인연력고　즉령망심　염생사고　낙구열반. 이차망심유염구

因緣故　則熏習眞如　自信己性　知心妄動無前境界　修遠離法, 以
인연고　즉훈습진여　자신기성　지심망동무전경계　수원리법, 이

如實知無前境界故　種種方便　起隨順行　不取不念　乃至久遠熏習力
여실지무전경계고　종종방편　기수순행　불취불념　내지구원훈습력

故　無明則滅. 以無明滅故　心無有起　以無起故　境界隨滅　以因緣
고　무명즉멸. 이무명멸고　심무유기　이무기고　경계수멸　이인연

俱滅故　心相皆盡, 名得涅槃成自然業.
구멸고　심상개진, 명득열반성자연업.

　　제3 단계. 이여실지무전경계고(以如實知無前境界故) : 이에 모든 사물의 본래 모습을 모습 그대로 알아 눈앞의 모든 경계가 마음이 지어낸 것일 뿐이라는 이치를 체득한다. <십지(十地)의 위(位) 중 초지(初地)>

　　제4 단계. 종종방편 기수순행 불취불념 내지구원훈습력고(種種方便 起隨順行 不取不念 乃至久遠熏習力故) : 그런 다음엔 갖가지의 방편 즉 바라밀(波羅蜜) 같은 진여(眞如)에 수순(隨順)하는 행(行)을 닦아 진여에 계합하여 가니, 진여를 취하지도 않고 망념을 내지도 않으면서 제십지(第十地)에 이르기까지 오랫동안 수행을 한다. <제이지(第二地)~제십지(第十地)>

훈습한 인연의 힘 때문에 곧 망심(妄心)이 생사고(生死苦)를 싫어하고 열반을 즐겨 구하게 한다. 이 망심에 <생사고(生死苦)를> 싫어함과 <열반을 즐겨> 구함의 인연이 있기 때문에 곧 진여를 훈습하여 스스로 자기 성품을 믿어 마음이 망령되게 움직일지언정 앞의 경계가 없음을 알아 멀리 여의는 법을 닦고, 앞의 경계가 없음을 여실히 알기 때문에 <바라밀행(波羅蜜行) 같은> 갖가지 방편으로 수순(隨順)의 행(行)을 일으켜 <진여는 무상(無相)이기에> 취하지도 않고 <망념을 내> 생각하지도 않으며 내지 <십지(十地)에 이르기까지> 구원(久遠)의 훈습력(熏習力) 때문에 무명이 멸한다. 무명이 멸하기 때문에 마음에 <무명업식(無明業識)이> 일어남이 없으며 일어남이 없기 때문에 경계가 따라 멸하니 <무명(無明)인> 인(因)과 <경계(境界)인> 연(緣)이 함께 멸하기 때문에 <육염심(六染心)인> 심상(心相)이 모두 다함이라, <이것을> 열반을 얻어 <진여 그대로의 행위 즉 부사의(不思議)한 업용(業用)인> 자연업(自然業)을 이룬다고 한다. <망심훈습(妄心熏習)>

제5단계. 무명즉멸~명득열반성자연업(無明則滅~名得涅槃成自然業) : 이렇게 하여 무명(無明)이 멸하고 망심(妄心)도 경계(境界)도 다 멸하여 진여의 모습 그대로 되면 이것이 참된 열반(涅槃)이며 이런 열반의 상태에선 진여(眞如) 그대로의 자연스러운 행위를 하게 된다. <열반(涅槃)>

① 망심훈습(妄心熏習)

妄心熏習義 有二種 云何爲二.
망심훈습의 유이종 운하위이.

一者 分別事識熏習, 依諸凡夫二乘人等 厭生死苦 隨力所能 以
일자 분별사식훈습, 의제범부이승인등 염생사고 수력소능 이

漸趣向無上道故.
점취향무상도고.

二者 意熏習, 謂 諸菩薩 發心勇猛 速趣涅槃故.[1]
이자 의훈습, 위 제보살 발심용맹 속취열반고.

② 진여훈습(眞如熏習)

眞如熏習義 有二種 云何爲二.
진여훈습의 유이종 운하위이.

---

1) 망심훈습(妄心熏習)이란 진여훈습(眞如熏習)과 더불어 정법훈습(淨法熏習)의 내용을 다시 설명한 것으로 망심(妄心)이 진여(眞如)에 의해 훈습됨을 말한 것이니, 이에서의 망심(妄心)은 환멸적(還滅的)인 면에서 말한 것이다.
이 중 분별사식훈습(分別事識熏習)은 진여에 의해 분별사식(分別事識)이 일으키는 훈습이니, 범부나 이승(二乘)은 유심(唯心)의 도리를 알지 못하기에 그들에게 생사(生死)의 고(苦)가 싫은 것이라 하여 능력에 따라 점차 그를 떠나 무상도(無上道)에 나아가게 한다는 뜻에서 말한 것이다. 원효스님은 분별사식이란 원래 칠식(七識)을 말하지만 이에선 분별작용이 강한 의식(意識)을 말한 것으로 보았다.

① 망심훈습(妄心熏習)

망심훈습(妄心熏習)의 뜻에 곧 두 가지가 있으니 어떠한 것이 두 가지인가.

첫째는 분별사식훈습(分別事識熏習)이니, 온갖 범부와 이승(二乘)의 사람들이 생사(生死)의 고(苦)를 싫어함에 의하여 할 수 있는 능력에 따라 점차로 무상(無上)의 도(道)에 나아가기 때문이다.

둘째는 의훈습(意熏習)이니, 모든 보살이 발심(發心)하여 용맹하게 속히 열반에 나아가기 때문에 이르는 것이다.

② 진여훈습(眞如熏習)

진여훈습(眞如熏習)의 뜻에 곧 두 가지가 있으니 어떠한 것이 두 가지인가.

다음 의훈습(意熏習)은 진여에 의해 의(意)가 일으키는 훈습이니 유심(唯心)의 도리를 아는 보살들이 속히 열반에 나아간다는 뜻에서 말한 것이다.

이 두 가지 훈습(熏習)은 분별사식(分別事識)과 의(意)가 진여에 의해 환멸(還滅)의 길을 가게 됨을 말한 것이니, 결국 모든 식(識)이 다 환멸(還滅)의 길을 가게 됨을 말한 것이다.

一者 自體相熏習, 二者 用熏習.[1]
일자 자체상훈습, 이자 용훈습.

자체상훈습(自體相熏習)

自體相熏習者　從無始世來　具無漏法　備有不思議業　作境界之
자체상훈습자　종무시세래　구무루법　비유부사의업　작경계지

性,[2]　依此二義　恒常熏習　以有力故　能令衆生　厭生死苦　樂求涅槃
성,　의차이의　항상훈습　이유력고　능령중생　염생사고　낙구열반

自信己身有眞如法　發心修行.
자신기신유진여법　발심수행.

問曰. 若如是義者　一切衆生　悉有眞如　等皆熏習, 云何有信無信,
문왈. 약여시의자　일체중생　실유진여　등개훈습, 운하유신무신,

無量前後差別. 皆應一時　自知有眞如法　勤修方便　等入涅槃.
무량전후차별. 개응일시　자지유진여법　근수방편　등입열반.

---

1) 진여훈습(眞如熏習)이란 앞의 망심훈습(妄心熏習)과는 다른 각도에서 일심진여(一心眞如)가 훈습하는 작용을 진여의 체(體)·상(相)·용(用) 세 가지의 면으로 파악하여 자세히 밝힌 것이다.

첫째는 자체상훈습(自體相熏習)이요, 둘째는 용훈습(用熏習)이다.

자체상훈습(自體相熏習)

자체상훈습(自體相熏習)이란 <진여(眞如)는> 무시(無始)의 세상으로부터 무루법(無漏法)을 갖추고 부사의업(不思議業)이 갖추어져 있으며 경계(境界)의 성(性)을 지으니, 이 두 가지의 뜻에 의하여 항상 훈습하여 힘이 있기 때문에 능히 중생에게 생사(生死)의 고(苦)를 싫어하고 열반을 즐겨 구하고 스스로 자기의 몸에 진여법(眞如法)이 있음을 믿고 발심(發心)하여 수행(修行)하게 하는 것이다.

묻는다. 만약 이와 같은 뜻이라면 일체의 중생이 모두 진여(眞如)가 있어 평등하게 다 훈습할 것인데, 어찌하여 믿음이 있는 사람이 있고 믿음이 없는 사람이 있으며, <먼저 깨닫고 나중에 깨닫는> 무량(無量)한 전후(前後)의 차별이 있는가. 모두 응당 일시(一時)에 스스로 진여법(眞如法)이 있음을 알아 방편을 부지런히 닦아 평등하게 열반에 들어야 할 것이다.

---

2) 구무루법 비유부사의업 작경계지성(具無漏法 備有不思議業 作境界之性) : 진여(眞如)는 본래 무루법(無漏法)과 부사의(不思議)한 업용(業用)을 갖추고 있어 생사(生死)를 싫어하고 열반(涅槃)을 구하는 시각(始覺)의 관지(觀智)를 일으킬 뿐만 아니라<여실불공(如實不空)>, 그 관지(觀智)의 대경(對境)이 되는 본각(本覺)의 성품까지 된다<여실공(如實空)>는 뜻이다.

答曰. 眞如本一, 而有無量無邊無明 從本已來 自性差別 厚薄不
답왈. 진여본일, 이유무량무변무명 종본이래 자성차별 후박부

同故, 過恒沙等上煩惱 依無明起差別, 我見愛染煩惱 依無明起差
동고, 과항사등상번뇌 의무명기차별, 아견애염번뇌 의무명기차

別, 如是一切煩惱 依於無明所起, 前後無量差別 唯如來能知故.[1]
별, 여시일체번뇌 의어무명소기, 전후무량차별 유여래능지고.

又諸佛法 有因有緣 因緣具足 乃得成辦, 如木中火性 是火正因
우제불법 유인유연 인연구족 내득성판, 여목중화성 시화정인

若無人知 不假方便 能自燒木 無有是處.
약무인지 불가방편 능자소목 무유시처.

---

[1] 원효스님은 항사(恒沙)보다도 많은 상번뇌(上煩惱)는 알아야 할 바 진리를 바로 알지 못해 보리(菩提)를 장애하는 소지장(所知障)을 말한 것으로 보고, 아견애(我見愛) 즉 아견(我見)과 아애(我愛)의 염번뇌(染煩惱)는 열반(涅槃)을 장애하는 번뇌장(煩惱障)을 말한 것으로 보았다.

답한다. 진여는 본래 하나이나, 무량무변(無量無邊)한 무명(無明)이 있어 본래부터 자성(自性)에 차별이 있어 두텁고 얇음이 같지 않은 까닭에, 항사(恒沙)보다도 많은 상번뇌(上煩惱)<소지장(所知障)>가 무명(無明)에 의해 차별을 일으키며, 아견(我見)과 아애(我愛)의 염번뇌(染煩惱)<번뇌장(煩惱障)>가 무명(無明)에 의해 차별을 일으키니, 이와 같이 일체의 번뇌가 무명에 의해 일어나는 것이라, 전후(前後)의 무량한 차별은 <알기 어려워> 오로지 여래(如來)만이 능히 알 수 있기 때문이다.

또한 제불(諸佛)의 법(法)은 인(因)이 있고 연(緣)이 있어 인연(因緣)이 구족하여야 이에 갖출 수 있으니, 나무 중의 화성(火性)이 불의 정인(正因)이나 만약 사람에게 앎이 없어 방편을 빌리지 않으면 <화성(火性)이> 능히 스스로 나무를 태운다는 일은 있을 수 없는 것과 같다.

항사(恒沙)는 항하사(恒河沙)로 인도 강가-강(Gaṅgā 江)의 모래를 뜻하는 말로 헤아릴 수 없이 많은 것을 비유하여 쓰는 말이다.
이 대답은 본래 평등한 진여(眞如)에 중생마다 무명(無明)으로 인한 번뇌에 차별이 있으니 그에 따라 깨달음에도 차별이 있다는 것이다.

衆生亦爾 雖有正因熏習之力 若不遇諸佛菩薩善知識等 以之爲緣
중생역이 수유정인훈습지력 약불우제불보살선지식등 이지위연

能自斷煩惱 入涅槃者 則無是處. 若雖有外緣[1]之力 而內淨法 未
능자단번뇌 입열반자 즉무시처. 약수유외연 지력 이내정법 미

有熏習力者 亦不能究竟 厭生死苦 樂求涅槃.
유훈습력자 역불능구경 염생사고 낙구열반.

若因緣具足者 所謂 自有熏習之力 又爲諸佛菩薩等慈悲願護故 能
약인연구족자 소위 자유훈습지력 우위제불보살등자비원호고 능

起厭苦之心 信有涅槃 修習善根, 以修善根成熟故 則値諸佛菩薩
기염고지심 신유열반 수습선근, 이수선근성숙고 즉치제불보살

示敎利喜 乃能進趣向涅槃道.[2]
시교리희 내능진취향열반도.

---

1) 외연(外緣) : 이에서는 앞에 나온 바대로 제불보살(諸佛菩薩) 선지식(善知識) 등을 만나는 것을 말한다.
2) 이 부분은 두 번째의 대답으로 정인(正因)과 연인(緣因)으로써 중생들이 일시에 열반에 들지 못하는 이유를 밝힌 것이니, 비록 정인(正因)인 정법(淨法)의 훈습(熏習)이 있더라도 제불보살(諸佛菩薩) 선지식(善知識) 등을 만나는 연인(緣因)에 따라 열반에 드는 것에 차이가 있음을 밝힌 것이다.

중생도 또한 그와 같아 비록 정인(正因)인 훈습(熏習)의 힘이 있다고 하여도 만약 제불보살(諸佛菩薩) 선지식(善知識) 등을 만나 그로써 연(緣)을 삼지 않으면 능히 스스로 번뇌를 끊고 열반에 든다는 것은 곧 있을 수 없는 일이다. 만약 비록 외연(外緣)의 힘이 있어도 안으로 정법(淨法)에 훈습력(熏習力)이 있지 않으면 마찬가지로 능히 구경(究竟)하여 생사(生死)의 고(苦)를 싫어하고 열반을 즐겨 구하지 못한다.

만약 인연(因緣)이 구족하다면 이른 바 스스로 훈습의 힘이 있고 또한 제불보살들의 자비(慈悲)로 원호(願護)함이 되기 때문에 능히 고(苦)를 싫어하는 마음을 일으키고 열반이 있음을 믿어 선근(善根)을 수습(修習)하니, 선근을 수습하여 성숙한 까닭으로 제불보살(諸佛菩薩)의 시교(示敎)에 이익을 얻고 환희함을 만나 이에 능히 진취(進趣)하여 열반(涅槃)의 도(道)에 향하게 된다.

용훈습(用熏習)

用熏習者 卽是衆生外緣之力. 如是外緣 有無量義 略說二種 云
용훈습자 즉시중생외연지력. 여시외연 유무량의 약설이종 운

何爲二.
하위이.

一者 差別緣, 二者 平等緣.[1]
일자 차별연, 이자 평등연.

차별연(差別緣)

差別緣者, 此人 依於諸佛菩薩等 從初發意 始求道時 乃至得佛
차별연자, 차인 의어제불보살등 종초발의 시구도시 내지득불

於中 若見若念, 或爲眷屬父母諸親, 或爲給使, 或爲知友, 或爲怨
어중 약견약념, 혹위권속부모제친, 혹위급사, 혹위지우, 혹위원

家, 或起四攝.[2]
가, 혹기사섭.

---

1) 용훈습(用熏習)이란 제불보살(諸佛菩薩)이 진여(眞如)가 가지고 있는 기능으로써 훈습하는 것을 말하니, 이에선 중생들이 깨닫도록 하는 데에 외적(外的)인 계기가 되어주는 힘을 말한다. 이 중 차별연(差別緣)은 중생에게 순경(順境) 혹은 역경(逆境)으로 나타나 각각 차별적인 연(緣)이 됨을 말하고, 평등연(平等緣)이란 보편적인 연(緣)이 됨을 말한다.
2) 사섭(四攝) : 사섭법(四攝法)으로 ①보시섭(布施攝) ; 중생을 교화함에 있어 재물이든 법이든 실질적으로 베풀어줌 ②애어섭(愛語攝) ; 중생을 대할

용훈습(用熏習)

용훈습(用熏習)이란 것은 곧 이는 중생의 외연(外緣)의 힘이다. 이와 같은 외연(外緣)에는 무량한 뜻이 있으나 약설(略說)하면 두 가지이니 어떤 것이 두 가지인가.

첫째는 차별연(差別緣)이요, 둘째는 평등연(平等緣)이다.

차별연(差別緣)

차별연(差別緣)이라는 것은, 이 사람이 제불보살(諸佛菩薩) 등에 의하여 처음 뜻을 내 비로소 도(道)를 구할 때부터 불(佛)이 됨에 이르기까지 그 중에 <제불보살(諸佛菩薩)의 모습을> 보거나 <제불보살(諸佛菩薩)을> 생각하면, 혹은 권속 부모 여러 친족이 되기도 하고, 혹은 급사(給使)가 되기도 하고, 혹은 지우(知友)가 되기도 하고, 혹은 원가(怨家)가 되기도 하고, 혹은 사섭(四攝)을 일으키기도 하는 것이다.

땐 어느 경우든 실질적으로 상대를 아끼고 사랑하는 말을 함 ③이행섭(利行攝); 중생에게 실질적으로 이익이 되는 일을 함 ④동사섭(同事攝); 중생들과 함께 화복(禍福) 고락(苦樂) 등을 같이 하며 그들을 교화함을 말한다. 간단히 말하면 온갖 가능한 수단을 다하여 중생을 섭수(攝受)하여 불법(佛法)의 이상경지(理想境地)에 들도록 하는 기본적인 동시 적극적인 행동의 도(道)를 말한 것이라 할 수 있다.

乃至一切所作無量行緣　以起大悲熏習之力　能令衆生　增長善根,
내지일체소작무량행연　이기대비훈습지력　능령중생　증장선근,

若見若聞 得利益故.
약견약문 득리익고.

此緣 有二種 云何爲二. 一者 近緣 速得度故, 二者 遠緣 久遠得
차연 유이종 운하위이. 일자 근연 속득도고, 이자 원연 구원득

度故
도고.

是近遠二緣　分別　復有二種　云何爲二. 一者　增長行緣,[1] 二者
시근원이연　분별　부유이종　운하위이. 일자　증장행연,　이자

受道緣.[2]
수도연.

---

1) 증장행연(增長行緣) : 선행(善行)을 증장시키는 연(緣)을 말한다.
2) 수도연(受道緣) : 도(道)를 받아들이게 하는 연(緣)이니, 수행을 통하여 진여(眞如)를 체득(體得)하도록 하는 연(緣)을 말한다.

내지는 온갖 짓는 바 무량(無量)한 행연(行緣)에 이르기까지 대비훈습(大悲熏習)의 힘을 일으켜서 중생에게 선근(善根)을 증장케 하니, 보거나 듣거나 이익을 얻게 하기 때문이다.

 이 연(緣)에 두 가지가 있으니 어떤 것이 두 가지인가. 첫째는 근연(近緣)이니 속히 <그 결과가 나타나> 득도(得度)하기 때문이요, 둘째는 원연(遠緣)이니 구원(久遠)에 <그 결과가 나타나> 득도(得度)하기 때문이다.

 이 근(近)과 원(遠)의 두 가지 연(緣)을 분별하면 다시 두 가지가 있으니 어떠한 것이 두 가지인가. 첫째는 증장행연(增長行緣)이요, 둘째는 수도연(受道緣)이다.

평등연(平等緣)

平等緣者 一切諸佛菩薩 皆願度脫一切衆生 自然熏習 恒常不捨
평등연자 일체제불보살 개원도탈일체중생 자연훈습 항상불사

以同體智力故 隨應見聞 而現作業, 所謂 衆生 依於三昧 乃得平
이동체지력고 수응견문 이현작업, 소위 중생 의어삼매 내득평

等見諸佛故.[1]
등견제불고.

체용훈습(體用熏習)의 미상응(**未相應**)과 기상응(**已相應**)

此體用熏習 分別 復有二種 云何爲二.
차체용훈습 분별 부유이종 운하위이.

一者 未相應, 謂 凡夫二乘初發意菩薩等 以意意識熏習 依信力故
일자 미상응, 위 범부이승초발의보살등 이의의식훈습 의신력고

而能修行, 未得無分別心與體相應故, 未得自在業修行與用相應故.[2]
이능수행, 미득무분별심여체상응고, 미득자재업수행여용상응고.

---

1) 제불보살(諸佛菩薩)은 중생의 도탈(度脫)이 본원(本願)이기에 동체지력(同體智力) 즉 이(理)와 지(智)를 동체(同體)로 하는 근본지(根本智)를 바탕으로 이유도 없고 조건도 없이 중생이 보고 들음에 따라 업(業)을 나타내니, 중생이 삼매(三昧)에 들면 언제 어디에서든지 그 모습을 볼 수 있다는 뜻이다.

평등연(平等緣)

평등연(平等緣)이란 것은 일체의 제불보살(諸佛菩薩)이 모두 일체의 중생을 도탈(度脫)하기 원하여 자연 훈습하여 항상 버리지 않고 동체지력(同體智力)을 가진 까닭으로 <중생이> 보고 들음에 따라 응하여 업(業)을 지음을 나타냄이니, 이른 바 중생이 삼매(三昧)에 의하여 평등하게 제불(諸佛)을 볼 수 있기 때문이다.

체용훈습(體用熏習)의 미상응(**未相應**)과 기상응(**已相應**)

이 자체상훈습(自體相熏習)과 용훈습(用熏習)을 분별하면 다시 두 가지가 있으니 어떠한 것이 두 가지인가.

첫째는 미상응(未相應)이니, 범부와 이승(二乘)과 처음 뜻을 낸 보살들이 의(意)와 의식(意識)의 훈습으로 신력(信力)에 의하기에 수행할 수 있음을 말하는 것으로, 아직은 무분별심(無分別心)으로 체(體)와 더불어 상응(相應)함을 얻지 못하기 때문이며, 아직은 자재(自在)한 업(業)으로의 수행을 못하여 용(用)과 더불어 상응(相應)하지 못하기 때문이다.

---

2) 미상응(未相應)이란 범부나 이승(二乘) 초발의(初發意菩薩)들이 아직은 피아(彼我)를 초월한 무분별지(無分別智)를 얻지 못하여 사물을 식별하는 의(意)와 의식(意識)으로의 훈습을 할 뿐이라, 아직은 무분별심(無分別心)이 못 되어 진여(眞如)의 체(體)에도 상응(相應)하지 못하고 또한 아직은 자재(自在)한 업(業)이 못 되어 진여(眞如)의 용(用)에도 상응(相應)하지 못하고 있는 상태를 말한 것이다.

二者 已相應. 謂 法身菩薩 得無分別心 與諸佛智用相應, 唯依法
이자 이상응, 위 법신보살 득무분별심 여제불지용상응, 유의법

力 自然修行 熏習眞如 滅無明故.[1]
력 자연수행 훈습진여 멸무명고.

(5) 염법(染法)・정법(淨法)의 단(斷)・부단(不斷)의 의의

復此染法 從無始以來 熏習不斷 乃至得佛 後則有斷. 淨法熏習
부차염법 종무시이래 훈습부단 내지득불 후즉유단. 정법훈습

則無有斷 盡於未來, 此義云何, 以眞如法常熏習故 妄心則滅 法身
즉무유단 진어미래, 차의운하, 이진여법상훈습고 망심즉멸 법신

顯現 起用熏習 故無有斷.[2]
현현 기용훈습 고무유단.

---

[1] 이상응(已相應)은 <이미 상응(相應)하고 있다>는 뜻이니, 초지(初地) 이상의 법신보살(法身菩薩)들은 분(分)에 따라 진여(眞如)를 증득하기에 제불(諸佛)의 지용(智用)과 상응(相應)하며 나름대로의 법력(法力)이 있기 때문에 억지로 하지 않아도 스스로 수행이 되어 무명(無明)을 끊게 되므로 이르는 말이라는 뜻이다.

[2] 염법(染法)과 정법(淨法)이 무시이래 훈습(熏習)을 계속해 오는 것은 같으나, 염법(染法)은 불(佛)의 경지에 이르면 없어짐이라 그의 훈습(熏習) 도 그치게 되지만 정법(淨法)은 불(佛)의 경지에 이르러도 계속되니, 염법(染法)과 정법(淨法)의 훈습이 이런 점에서 다르다는 것이다.

둘째는 이상응(已相應)이니, 법신보살(法身菩薩)이 무분별심(無分別心)을 얻어 제불(諸佛)의 지용(智用)과 상응(相應)함을 말하는 것으로, 오로지 법력(法力)에 의하여 자연히 수행하여 진여를 훈습하여 무명(無明)을 멸하기 때문이다.

(5) 염법(染法)·정법(淨法)의 단(斷)·부단(不斷)의 의의

또 이 염법(染法)은 무시이래로 훈습(熏習)하여 끊어지지 않으나 이에 불(佛)에 됨에 이르면 후에 끊어짐이 있다. 정법(淨法)의 훈습은 곧 끊어짐이 없어 미래를 다하니, 이 뜻은 어떠한가, 진여법(眞如法)은 항상 훈습(熏習)하기 때문에 망심(妄心)이 곧 멸하고 법신(法身)이 나타나 용훈습(用熏習)을 일으키므로 끊어짐이 없다.

정법훈습 (淨法熏習)	망심훈습 (妄心熏習)	분별사식훈습 (分別事識熏習)			
		의훈습 (意熏習)			
	진여훈습 (眞如熏習)	자체상훈습 (自體相熏習)			
		용훈습 (用熏習)	차별연 (差別緣)	근연 (近緣)	증장행연(增長行緣)
					수도연(受道緣)
				원연 (遠緣)	증장행연(增長行緣)
					수도연(受道緣)
			평등연 (平等緣)		

4. 삼대(三大)

1) 체대(體大) 상대(相大)

(1) 진여(眞如)의 자체상(自體相)

復次 眞如自體相者 一切凡夫聲聞緣覺菩薩諸佛 無有增減 非前際
부차 진여자체상자 일체범부성문연각보살제불 무유증감 비전제

生 非後際滅 畢竟常恒, 從本以來 性自滿足一切功德, 所謂 自體
생 비후제멸 필경상항, 종본이래 성자만족일체공덕, 소위 자체

有大智慧光明義故, 遍照法界義故, 眞實識知義故, 自性淸淨心義故,
유대지혜광명의고, 변조법계의고, 진실식지의고, 자성청정심의고,

常樂我淨義故, 淸凉不變自在義故, 具足如是過於恒沙 不離不斷不
상락아정의고, 청량불변자재의고, 구족여시과어항사 불리부단불

異 不思議佛法 乃至滿足無有所少義故, 名爲如來藏 亦名如來法身.[1]
이 부사의불법 내지만족무유소소의고, 명위여래장 역명여래법신.

---

1) 삼대(三大)는 진여를 체(體) 상(相) 용(用)의 세 가지 면으로 나누어 밝힌 것인데 그 중 이 부분은 체(體)와 상(相)을 밝힌 것이다.
일체범부성문연각보살제불 무유증감 비전제생 비후제멸 필경상항(一切凡夫聲聞緣覺菩薩諸佛 無有增減 非前際生 非後際滅 畢竟常恒) : 진여는 미오(迷悟)에 관계없이 누구나 다 같기에 범부라고 줄거나 불(佛)이라고 늘지 않으며 시간적으로 보아 과거 언젠가 생긴 것도 아니며 미래 언젠가 없어지는 것도 아닌 항상 하는 것이라고 하였으니 이는 진여(眞如)의 체(體)를 말한 것이다.

4. 삼대(三大)

1) 체대(體大) 상대(相大)

(1) 진여(眞如)의 자체상(自體相)

또한 진여(眞如)의 자체상(自體相)이란 것은 모든 범부(凡夫) 성문(聲聞) 연각(緣覺) 보살(菩薩) 제불(諸佛)에 증감(增減)이 없어 전제(前際)에 난 것도 아니고 후제(後際)에 없어지는 것도 아니며 필경 항상 하며, 본래부터 성품에 스스로 일체(一切)의 공덕(功德)을 만족하였으니, 소위 자체(自體)에 대지혜(大智慧)의 광명(光明)의 뜻이 있는 까닭이며, 법계(法界)를 두루 비추는 뜻인 까닭이며, 진실로 아는 뜻인 까닭이며, 자성청정심(自性淸淨心)의 뜻인 까닭이며, 상(常)·낙(樂)·아(我)·정(淨)의 뜻인 까닭이며, 청량(淸凉) 불변(不變) 자재(自在)의 뜻인 까닭이니, 이와 같이 항사(恒沙)보다도 더한 여의지도 않고 끊어지지도 않고 달라지지도 않는 부사의(不思議)한 불법(佛法)을 구족하여 이에 만족하여 모자라는 뜻이 없기 때문에, 이름을 <중생의 경우에는> 여래장(如來藏)이라고 하고 또한 <불(佛)의 경우에는> 여래(如來)의 법신(法身)이라고 한다.

종본이래 성자만족일체공덕~내지만족무유소소의고(從本以來 性自滿足一切功德~乃至滿足無有所少義故) : 본래부터 온갖 공덕을 갖추고 있다는 것으로 공덕의 모습을 말한 것이니, 이는 진여(眞如)의 상(相)을 말한 것이다. 일반적으론 체(體) 상(相) 용(用)을 따로 설명하는 것이 상례이나 이에선 진여(眞如)의 체(體)를 설명하는 중에 상(相)을 함께 설명하되 그 설명은 진여 자체의 상(相)에 대한 설명으로 되어있다. 그리고 이렇게 체(體)와 상(相)을 한꺼번에 설명하여 이런 것을 여래장(如來藏)이라 하고 법신(法身)이라 한다고 하였다.

III. 해석분(解釋分) 147

(2) 진여(眞如)의 자체상(自體相)을 거듭 밝힘

問曰. 上說 眞如 其體平等 離一切相, 云何復說 體有如是種種功
문왈. 상설 진여 기체평등 이일체상, 운하부설 체유여시종종공

德.[1)]
덕.

答曰. 雖實有此諸功德義 而無差別之相 等同一味 唯一眞如 此
답왈. 수실유차제공덕의 이무차별지상 등동일미 유일진여 차

義云何.
의운하.

以無分別 離分別相 是故無二.[2)]
이무분별 이분별상 시고무이.

復以何義 得說差別.
부이하의 득설차별.

以依業識生滅相示.[3)]
이의업식생멸상시.

---

1) 진여는 온갖 상(相)을 떠났다고 하고 다시 여러 차별적인 공덕의 상(相)을 설하니 서로 모순되지 않는가 하는 것이다. 상(相)을 떠났다는 것은 여실공(如實空)의 면, 공덕이 있다는 것은 여실불공(如實不空)의 면을 이른 것이니, 이런 문답은 이들을 회통(會通)시키기 위한 것이라 하겠다.
2) 여러 공덕의 표현들은 진여를 말하는 한 가지 뜻밖에 없으니 진여의 상(相)은 본래 모든 분별을 떠나 있다는 것이다. 무이(無二)란 글자 그대로는

(2) 진여(眞如)의 자체상(自體相)을 거듭 밝힘

묻는다. 위에서 설하되 진여(眞如)는 그 체(體)가 평등하여 일체(一切)의 상(相)을 여의었다고 하였는데, 어찌하여 다시 체(體)에 이와 같은 갖가지의 공덕이 있다고 설하는가.

답한다. 비록 실로 이 여러 가지 공덕의 뜻이 있으나 차별의 상(相)이 없어 똑 같이 일미(一味)라 오로지 하나인 진여(眞如)뿐이니 이 뜻은 어떠한가.

무분별(無分別)로 분별(分別)의 상(相)을 여의니 이 까닭으로 둘(二) <즉 상대 차별>이 없다.

다시 어떠한 뜻으로 차별을 설하는가.

업식(業識)의 생멸상(生滅相)에 의하여 보이는 것이다.

<둘이 없다>는 뜻이나 상대 차별이 없다는 의미로 쓰는 말이다.

3) 그럼에도 불구하고 차별의 상(相)을 설해보이는 이유는 업식(業識)이 생멸(生滅)하는 모습에 의해 설한 것일 뿐이라는 것이다. 생멸(生滅)하는 업식(業識)에 의해 항하사(恒河沙)와 같은 염법(染法)이 전개되니, 이런 염법에 대하여 말할진대 항하사와 같은 공덕이 있다는 것이며, 그것을 설명함에 위와 같은 표현을 쓴다는 말이다.

此云何示.
차운하시.

以一切法 本來唯心 實無於念 而有妄心 不覺起念 見諸境界 故說
이일체법 본래유심 실무어념 이유망심 불각기념 견제경계 고설

無明, 心性不起 卽是大智慧光明義故,[1] 若心起見 則有不見之相
무명, 심성불기 즉시대지혜광명의고,   약심기견 즉유불견지상

心性離見 卽是遍照法界義故.[2] 若心有動 非眞識知,[3] 無有自性,[4]
심성리견 즉시변조법계의고.   약심유동 비진식지,   무유자성,

非常非樂非我非淨,[5] 熱惱衰變則不自在,[6] 乃至具有過恒沙等妄染
비상비락비아비정,   열뇌쇠변즉부자재,   내지구유과항사등망염

之義, 對此義故 心性無動 則有過恒沙等諸淨功德相義示現.
지의, 대차의고 심성무동 즉유과항사등제정공덕상의시현.

---

1) 모든 사물은 다 마음에 의하여 이런 모습 저런 모습으로 전개되는데 본래의 마음에는 그런 모습들을 대하며 이런저런 생각을 일으킬 까닭이 없는 것이다. 하지만 어느 사이 망심(妄心)이 생겨 불각(不覺)의 상태가 됨에 망령된 생각을 일으켜 그런 모습들을 대경(對境)으로 하고 있어 이를 무명(無明)이라고 하니, 진여(眞如)에는 본래 무명(無明)이 없는 것이기에 이를 '대지혜광명(大智慧光明)'이라고 표현하였다는 뜻이다.
2) 망심(妄心)이 일어나면 사물을 제대로 보는 것 같지만 사실은 그렇지 않으니, 진여의 마음은 이런 망심의 편협한 견식(見識)을 떠나 있는 것이라 이런 상태를 '변조법계(遍照法界)'라고 표현하였다는 뜻이다.
3) 마음에 동요가 일어나면 진실하게 알지를 못하는 것<비진식지(非眞識知)>이라, 이에 대해 앞에 '진실식지(眞實識知)'라고 하였으며

이것은 어떻게 보이는가.

일체법(一切法)이 본래 오로지 마음뿐이라 실로 상념(想念)이 없으나 망심(妄心)이 있어서 불각(不覺)이 생각을 일으켜 온갖 경계를 보게 되어 이 때문에 무명(無明)이라고 설하니, 심성(心性)이 일어나지 않으면 곧 이것이 대지혜광명(大智慧光明)의 뜻인 까닭이며, 만약 마음이 본다는 것<견(見)>을 일으키면 곧 보지 못한다<불견(不見)>는 상(相)이 있으니 마음이 본다는 것을 여의면 이것이 곧 변조법계(遍照法界)의 뜻인 까닭이다. 만약 마음에 움직임이 있으면 참으로 아는 것이 아니며, 자성(自性)이 없음이며, 상(常)도 아니고 낙(樂)도 아니고 아(我)도 아니고 정(淨)도 아니며, 열뇌(熱惱)하고 쇠변(衰變)하면 곧 자재(自在)하지 못하며, 내지 항하사(恒河沙)보다 더한 망염(妄染)의 뜻이 갖추어져 있어, 이 뜻에 대하는 까닭으로 심성(心性)에 움직임이 없으면 곧 항하사보다 더한 온갖 청정한 공덕상(功德相)의 뜻을 시현(示現)함이 있다는 것이다.

4) 그리고 그런 동요의 상태에선 결코 청정한 본성이 그대로 나타나지 않으니<무유자성(無有自性) *신역(新譯)에는 '비본성청정(非本性淸淨)'>, 이에 대해 앞에 '자성청정심(自性淸淨心)'이라고 하였으며
5) 또한 마음에 동요가 일어난 상태에선 무상(無常)이고 고(苦)이고 무아(無我)이고 부정(不淨)일 수밖에 없으니, 이에 대해 앞에 '상(常)' '낙(樂)' '아(我)' '정(淨)'이라고 하였으며
6) 또한 무상(無常) 고(苦) 무아(無我) 부정(不淨)인 것들로 열뇌(熱惱)하고 쇠변(衰變)하면 자재(自在)하지 못하니, 이에 대해 앞에 '청량불변자재(淸涼不變自在)'라고 하였다는 뜻이다.
이와 같아 마음이 동요하면 항하사보다도 더한 망염(妄染)의 뜻이 있다고 한 것이다.

若心有起 更見前法可念者 則有所少 如是淨法 無量功德 卽是一
약심유기 갱견전법가념자 즉유소소 여시정법 무량공덕 즉시일

心 更無所念 是故滿足, 名爲法身如來之藏.
심 갱무소념 시고만족, 명위법신여래지장.

만약 마음에 일어남이 있어 <망심(妄心)으로> 다시 눈앞의 것을 보고 가히 생각한다면 곧 모자라는 바가 있거니와 이와 같이 정법(淨法)의 무량(無量)한 공덕(功德)은 곧 <진여(眞如)인> 일심(一心)이기에 다시 생각할 바가 없어 이런 까닭으로 만족하니, 이름을 <불(佛)의 경우에는> 법신(法身)이라고 하고 <중생의 경우에는> 여래지장(如來之藏)이라고 한다.

2) 용대(用大)

(1) 용(用)의 원리

復次 眞如用者 所謂 諸佛如來 本在因地[1] 發大慈悲 修諸波羅蜜
부차 진여용자 소위 제불여래 본재인지 발대자비 수제바라밀

攝化衆生, 立大誓願 盡欲度脫等衆生界 亦不限劫數 盡於未來, 以
섭화중생, 입대서원 진욕도탈등중생계 역불한겁수 진어미래, 이

取一切衆生 如己身故 而亦不取衆生相, 此以何義, 謂 如實知一切
취일체중생 여기신고 이역불취중생상, 차이하의, 위 여실지일체

衆生及與己身 眞如平等 無別異故.[2]
중생급여기신 진여평등 무별이고.

---

1) 인지(因地) : 성불(成佛)을 위해 수행하는 지위(地位)를 말한다. 불(佛)의 지위는 과지(果地)라고 한다.

2) 용대(用大)

(1) 용(用)의 원리

또한 진여(眞如)의 용(用)이라는 것은, 소위 제불여래(諸佛如來)께서 본래 인지(因地)에 있어 대자비(大慈悲)를 내 온갖 바라밀(波羅蜜)을 닦아 중생을 섭화(攝化)하며, 큰 서원(誓願)을 세워 중생계를 평등하게 다 도탈(度脫)하고자 하되 또한 겁수(劫數)를 한정하지 하지 않고 미래(未來)를 다하며, 일체의 중생을 취하길 자기의 몸과 같이 하는 까닭으로 또한 중생상(衆生相)을 취하지 아니하심이니, 이것의 무슨 뜻인가, 일체의 중생과 자기의 몸이 진여(眞如)로 평등하여 다름이 없을 여실히 아시기 때문이라는 것이다.

---

2) 진여(眞如)의 용(用)을 밝힘에 먼저 제불(諸佛)의 인지(因地)에서 말한 것이니, 대자비(大慈悲)를 내 온갖 바라밀(波羅蜜)을 닦아 중생을 섭화(攝化)하는 본행(本行)과, 겁수(劫數)에 한정(限定)을 두지 않고 미래제(未來際)가 다하도록 중생을 제도하겠다는 본원(本願)과, 중생을 자기의 몸과 같이 보는 대방편(大方便)을 말한 것이다. 다시 말하면 자신과 모든 중생이 진여로 보면 평등하여 다름이 없음을 알기 때문에 중생에 대하여 불쌍한 생각을 내게 되고 그에 따라 위와 같이 하게 되니, 이것이 바로 진여의 용(用)이라는 것이다.

以有如是大方便智 除滅無明 見本法身 自然而有不思議業種種之用
이유여시대방편지 제멸무명 견본법신 자연이유부사의업종종지용

卽與眞如等 遍一切處 又亦無有用相可得. 何以故, 謂 諸佛如來
즉여진여등 변일체처 우역무유용상가득. 하이고, 위 제불여래

唯是法身智相之身 第一義諦[1] 無有世諦[2]境界 離於施作 但隨衆生
유시법신지상지신 제일의제 무유세제 경계 이어시작 단수중생

見聞得益 故說爲用.[3]
견문득익 고설위용.

---

1) 제일의제(第一義諦) 2) 세제(世諦) : 제일의제(第一義諦)는 진제(眞諦)라고도 하는데 만유(萬有)의 불생불멸(不生不滅)하는 본체계(本體界)의 평등적인 면에서의 진리를 말하고, 세제(世諦)는 속제(俗諦)라고도 하는데 생멸(生滅)하는 현상계(現象界)의 차별적인 면에서의 진리를 말한다.

이와 같은 대방편(大方便)의 지혜가 있어 무명(無明)을 제멸(除滅)하고 본래의 법신(法身)을 보아 자연히 부사의(不思議)한 업(業)의 갖가지 작용이 있어 곧 진여와 같아 일체처(一切處)에 두루 하나 <진여(眞如)는 어떠한 차별상(差別相)이라도 다 떠나 있는 것이기에> 또한 작용의 모습을 얻을 만한 것이 없다. 왜냐하면, 제불여래(諸佛如來)는 오로지 법신지상(法身智相)의 몸이라 제일의제(第一義諦)에는 세제(世諦)의 경계가 없어 시작(施作)을 떠났으나 단지 중생들의 보고 들음을 따라 이익을 얻게 하므로 용(用)이라고 말하기 때문이다.

3) 진여의 용(用)을 밝힘에 제불(諸佛)의 과지(果地)에서 말한 것이니 불(佛)의 면에서 말한 것이다. 즉 본래의 법신(法身)을 봄에 즉 본래의 법신(法身)이 나타남에 자연히 본래 갖추어져 있던 부사의(不思議)한 업(業)의 여러 작용이 있게 되는데, 제불(諸佛)은 진여의 몸이요 지혜의 몸이라 세제(世諦)의 경계가 아니기에 그 작용이 의도적으로 어떤 특정한 양상을 띠고 행하여지는 것이 아니지만, 중생들은 법신(法身)을 느끼게 되면 나름대로의 입장에서 좋은 영향을 받아 이익을 얻게 된다는 것이다.

(2) 용(用)의 이종(二種), 응신(應身)과 보신(報身)

此用 有二種 云何爲二.[1]
차용 유이종 운하위이.

一者 依分別事識 凡夫二乘心所見者 名爲應身,[2] 以不知轉識現[3]
일자 의분별사식 범부이승심소견자 명위응신, 이부지전식현

故 見從外來 取色分齊[4] 不能盡知故.[5]
고 견종외래 취색분제 불능진지고.

---

1) 앞에서는 진여(眞如)의 용(用)을 불(佛)의 면에서 밝힌 것이었는데, 이에서는 응신(應身)과 보신(報身)의 두 가지로 나누어 말하고 있으니 이것은 중생들이 보는 면에서 밝힌 것이다.
2) 응신(應身) : 불신(佛身)을 파악함에 법신(法身) 보신(報身) 응신(應身)의 세 가지로 파악하는 삼신설(三身說)이 있다. 경론(經論)에 따라 이 삼신설(三身說)이 있는 것도 있고 없는 것도 있는데, 기신론은 삼신설(三身說)이 있는 대표적인 논(論) 중의 하나이다.
3) 전식현(轉識現) : 전식(轉識)이란 아리야식(阿梨耶識) 중의 전상(轉相) 즉 능견상(能見相)이니, 이 전상(轉相)에 의하여 현식(現識) 즉 경계상(境界相)을 일으켜 여러 경계를 나타내게 되는 것을 말한다.
4) 분제(分齊) : 차별된 내용이나 정도 범위 등을 나타내는 말이다.
5) 이 부분은 응신(應身)에 대한 설명인데, 응신(應身)이란 범부와 성문(聲聞) 연각(緣覺)의 이승(二乘)이 분별사식(分別事識)에 의하여 보는 불신(佛身)이라고 하였다. 범부나 성문 연각의 이승(二乘)들은 아직 유심(唯心)의 도리를 모르므로 분별사식(分別事識)에 의하여 대경(對境)이 따로 있어 외부에서 온 것처럼 보고 이에 미집(迷執)하기에, 응신(應身)이란 곧

(2) 용(用)의 이종(二種), 응신(應身)과 보신(報身)

이 용(用)에 두 가지가 있으니 어떠한 것이 두 가지인가.

첫째는 분별사식(分別事識)에 의하여 범부와 이승(二乘)이 마음으로 보는 바를 응신(應身)이라고 하는데, 전식(轉識)의 나타남임을 알지 못하는 까닭으로 밖으로부터 옴을 보아 색(色)의 분제(分齊)를 취하니 능히 다 알지 못하는 까닭이다.

이런 얕은 근기에 응하여 나타나는 몸이란 것이다. 이런 얕은 근기의 사람들은 색상(色相)의 분제(分齊)를 취하니, 뒤 이어 나오는 설명과 연관시켜본다면, 불(佛)을 본다고 하여도 삼십이상(三十二相) 팔십종호(八十種好)의 겉모습의 몸으로 한정하여 보니 그 이유는 법신(法身)이 법계(法界)에 변만(遍滿)하다는 이치를 제대로 알지 못하기 때문이라는 것이다.

* 삼십이상(三十二相)은 무량한 공덕을 쌓음으로 인해 가장 이상적이요 가장 위대한 사람이 육신(肉身)에 갖춘다고 하는 남다르게 잘 생긴 특징 서른 두 가지를 말하는 것이요, 팔십종호(八十種好)는 삼십이상에 따르는 잘 생긴 모양 여든 가지를 말하는 것이다. 이 둘을 합하여 상호(相好)라고 한다. 이런 상호는 고대 인도대륙에서 가장 이상적인 왕(王)으로 설정했던 전륜성왕(轉輪聖王)도 갖추었다고 하고 외도(外道)에서도 인정하였던 것인데, 불(佛)의 것이 가장 명료하다고 하였다.

二者 依於業識 謂 諸菩薩 從初發意 乃至菩薩究竟地 心所見者
이자 의어업식 위 제보살 종초발의 내지보살구경지 심소견자

名爲報身. 身有無量色 色有無量相 相有無量好,[1] 所住依果[2] 亦
명위보신. 신유무량색 색유무량상 상유무량호, 소주의과 역

有無量種種莊嚴, 隨所示現 卽無有邊 不可窮盡 離分齊相 隨其所
유무량종종장엄, 수소시현 즉무유변 불가궁진 이분제상 수기소

應 常能住持 不毁不失. 如是功德 皆因諸波羅蜜等無漏行熏[3]及不
응 상능주지 불훼불실. 여시공덕 개인제바라밀등무루행훈 급부

思議熏[4]之所成就 具足無量樂相 故說爲報.[5]
사의훈 지소성취 구족무량락상 고설위보.

---

1) 신유무량색 색유무량상 상유무량호(身有無量色 色有無量相 相有無量好) : 법신(法身)은 색(色)의 본체(本體)이기에 색(色)을 여의지 않아 무량(無量)한 색신(色身)을 나타낼 수 있는데, 이러한 색신(色身)에는 무량한 공덕상(功德相)인 상호(相好)가 있다는 것으로 이는 불(佛)의 정보(正報)를 말한 것이다. 정보(正報)란 과거에 지은 업인(業因)의 과보(果報)인 유정(有情)의 몸을 말한다.
2) 의과(依果) : 의보(依報)라고도 하니, 유정(有情)이 의지하여 사는 국토를 말하는 것으로 이에선 불(佛)의 의보(依報)를 말한 것이다.
3) 제바라밀등무루행훈(諸波羅蜜等無漏行熏) : 온갖 바라밀(波羅蜜) 등 무루(無漏)의 행(行)을 닦아 그에 의하여 훈습(熏習)되는 것을 말한다.
4) 부사의훈(不思議熏) : 진여본각(眞如本覺)의 훈습을 말한다.

둘째는 업식(業識)에 의함이니 모든 보살이 처음 뜻을 냄으로부터 보살의 구경지(究竟地)에 이르기까지 마음의 보는 바로 보신(報身)이라고 함을 말한다. <법신(法身)은 색법(色法)을 여의지 않기에> 몸에는 무량(無量)한 색신(色身)이 있고 색신(色身)에는 무량한 상(相)이 있으며 상(相)에는 무량한 호(好)가 있으며, 안주(安住)하는 바의 의과(依果)에도 또한 무량한 갖가지의 장엄이 있어, 곳을 따라 시현(示現)하여 즉 끝이 없고 다할 수 없어서 분제(分齊)의 상(相)을 여의었으며 그 응하는 바를 따라 항상 능히 주지(住持)하여 무너지지도 아니하고 잃지도 아니한다. 이러한 공덕은 모두 온갖 바라밀(波羅蜜) 등의 무루행(無漏行)의 훈습(熏習)과 부사의(不思議)한 <진여본각(眞如本覺)의> 훈습(熏習)으로 인하여 성취된 바이라 무량(無量)한 낙상(樂相)을 구족함이니 이 까닭으로 보신(報身)이라고 한다.

5) 이 부분은 보신(報身)에 대한 설명이다. 이에선 처음 뜻을 냄으로부터 구경지(究竟地)에 이르기까지 유심(唯心)의 도리를 아는 보살들이 보는 불신(佛身)을 보신(報身)이라고 하였다. 보신은 소분(少分)이나마 진여를 보는 업식(業識)으로 나타나니 유심(唯心)의 도리라 밖에서 온 것이 아니며 동시에 그것은 곧 진여의 기능이요 진여의 모습이기에 삼십이상 팔십종호에 그치지 않고 한량없는 아름다움을 지닌 한량없는 몸으로 나타나며 그 거주하는 국토도 한량없는 장엄이 있으니, 이런 보신은 언제 어디서나 분제(分齊)의 상(相)을 떠나 응함에 따라 감응하니 항상 주지(住持)하여 무너지거나 잃게 됨이 없다는 것이다. 이런 보신은 바라밀(波羅蜜) 같은 무루행(無漏行)의 훈습과 불가사의한 진여본각(眞如本覺)의 훈습에 의해 이루어지므로 한량없는 복덕(福德)의 상(相)을 갖추고 있다는 것이다.

(3) 응신(應身)과 보신(報身)을 거듭 설명함

又爲凡夫所見者 是其麤色 隨於六道 各見不同 種種異類 非受樂
우위범부소견자 시기추색 수어육도 각견부동 종종이류 비수락

相 故說爲應身.[1]
상 고설위응신.

復次 初發意菩薩等所見者 以深信眞如法故 少分而見 知彼色相
부차 초발의보살등소견자 이심신진여법고 소분이견 지피색상

莊嚴等事 無來無去 離於分齊 唯依心現 不離眞如, 然此菩薩 猶
장엄등사 무래무거 이어분제 유의심현 불리진여, 연차보살 유

自分別 以未入法身位故,[2] 若得淨心 所見微妙 其用轉勝, 乃至菩
자분별 이미입법신위고, 약득정심 소견미묘 기용전승, 내지보

薩地盡 見之究竟.[3]
살지진 견지구경.

---

1) 범부(凡夫)가 보는 불신(佛身)을 말한 것이다. 범부가 보는 불신은 윤회세계인 지옥 아귀 축생 아수라 인간 천상의 육도(六道)에 따라 각기 다른 형태로 나타나는 것이라 갖가지의 이류(異類)가 다 같이 낙상(樂相)을 받는 것이 아니니, 이런 경우의 불신을 응신(應身)이라고 한다는 것이다.
2) 초발의보살(初發意菩薩) 즉 십신위(十信位)의 보살과 내지 삼현(三賢)의 보살이 보는 보신(報身)을 말한 것이다. 그들은 진여법(眞如法)을 믿고 조금이나마 진여를 보기에 진여를 바탕으로 하여 보신(報身)을 보니 그것은 시간적으로의 오고감이나 공간적으로의 분제(分齊)를 여읜 것으로 오로지 마음에 의해 나타나되 진여를 떠난 것이 아니라는 것을 안다. 하지만 아직은

(3) 응신(應身)과 보신(報身)을 거듭 설명함

또 범부가 보는 것은 그 추색(麤色)이니 육도(六道)를 따라 각기 보는 것이 같지 아니하여 갖가지의 이류(異類)가 낙상(樂相)을 받는 것이 아니기에 응신(應身)이라고 설한다.

또한 초발의보살(初發意菩薩) 등이 보는 것은 진여법(眞如法)을 깊이 믿는 까닭으로 소분(少分)이나마 <진여(眞如)를> 보니 저 색상(色相) 장엄(莊嚴) 등의 일이 옴도 없고 감도 없어 분제(分齊)를 여의어 오로지 마음에 의하여 나타날 뿐 진여를 떠나지 않음을 알지만, 그러나 이 보살이 오히려 스스로 분별하는 것은 아직 법신(法身)의 위(位)에 들지 못하였기 때문이니, 만약 정심(淨心)을 얻는다면 보는 바가 미묘하여 그 작용이 점점 수승해지며, 이에 보살지(菩薩地)가 다함에 이르면 그의 구경(究竟)을 본다.

법신(法身)의 위(位)에 들지 못하였기에 분별지(分別智)를 벗어나지 못한 상태라 진여를 비량(比量)해 아는 상사각(相似覺)의 수준에서 본다는 것이다.
 3) 정심(淨心)을 얻는다는 것은 초지(初地)인 환희지(歡喜地)를, 보살지(菩薩地)를 다한다는 것은 제십지(第十地)인 법운지(法雲地)를 다하는 것을 말한다. 따라서 이것은 보살이 십지위(十地位)에서 분(分)에 따라 진여를 보게 됨에 그에 따라 보이는 불신(佛身)도 미묘하고 그 작용도 점점 수승해져 제십지(第十地)를 다함에 이르면 불신(佛身)의 근원을 보게 된다는 것으로, 수분각(隨分覺)에서 보이는 보신(報身)을 말한 후 구경각(究竟覺)에 이르러 그 궁극을 다한다는 것을 말한 것이다. 구경각(究竟覺)이면 곧 불(佛)이다.

Ⅲ. 해석분(解釋分) 163

若離業識 則無見相 以諸佛法身 無有彼此色相迭相見故.[1]
약리업식 즉무견상 이제불법신 무유피차색상질상견고.

1) 수행이란 불각(不覺)에서 각(覺)으로 되돌아가야 하는 과정이기 때문에 보는 자와 보이는 불신(佛身)과의 차별이 있어, 범부와 이승(二乘)이 분별사식(分別事識)에 의해 보는 불신(佛身)을 응신(應身)이라고 하였고, 보살이 처음 뜻을 냄으로부터 구경지(究竟地)에 이르기까지 업식(業識)으로 보는 불신(佛身)을 보신(報身)이라고 하였다. 하지만 구경각(究竟覺)에 이르면 진여와 합일(合一)된 본각(本覺)의 자리이기에 더 보일 것이 없다는 것이다. 그렇기에 응신(應身)이니 보신(報身)이니 하는 것은 수행의 정도에 따라 보이는 모습일 뿐이며, 구경각(究竟覺)에 이르면 스스로에게는 보일 것이 없으나 다른 수행자에게는 응신(應身)으로 또는 보신(報身)으로 보인다는 것이다.

* 불(佛)의 응신(應身)과 보신(報身)에 대한 설명은 경론(經論)에 따라 차이가 있다. 이에 대해 원효스님은 다음과 같이 기신론에서의 설명과 같고 다름에 대해 논했다.
"대승동성경(大乘同性經)에서는 예토(穢土)에서의 성불(成佛)을 화신(化身)이라 하고, 정토(淨土)에서의 성불을 보신(報身)이라 한다고 하였다.
 금고경(金鼓經)에서는 삼십이상(三十二相) 팔십종호(八十種好) 등의 상(相)을 응신(應身)이라 하고, 육도(六道)의 모습에 따라 나타나는 몸을 화신(化身)이라 한다고 하였다.

만약 업식(業識)을 여의면 곧 상(相)을 본다는 것이 없을 것이니 제불(諸佛)의 법신(法身)은 피차(彼此)의 색상(色相)으로 다시 상견(相見)함이 없기 때문이다.

섭대승론(攝大乘論)에서는 십지(十地)의 이전(以前) 단계 즉 십신(十信) 십주(十住) 십행(十行) 십회향(十廻向)의 위(位)에 있는 보살이 보는 바를 변화신(變化身) 즉 화신(化身)이라고 하고, 십지위(十地位)에 오른 보살이 보는 바를 수용신(受用身) 즉 보신(報身)이라고 하였다.
 이 대승기신론(大乘起信論)에서는 범부와 이승(二乘)이 보는 바의 육도(六道) 차별의 모습을 응신(應身)이라 하고, 십해(十解) 즉 십신(十信) 이상의 보살이 분제(分齊)의 색(色)을 떠나 있음을 보는 것을 보신(報身)이라고 하였다.
 이와 같이 다름이 있는 이유는 법문(法門)은 한량이 없어 하나의 길이 아니기 때문이니 경우에 따라 시설(施設)함이 모두 다 도리가 있는 것이다."
 그리고는 섭대승론(攝大乘論)과 비교하여 보신(報身)의 설명에 차이가 있는 것은, 섭대승론에서는 산심(散心)으로 분제상(分齊相)이 있는 것을 보는 것이요 기신론에서는 십지(十地) 이전이라도 삼매(三昧)로 분제상을 여윈 것을 보는 것이기에, 도리상(道理上)으로는 차이가 없다고 하였다.

問曰. 若諸佛法身 離於色相者 云何能現色相.[1]
문왈. 약제불법신 이어색상자 운하능현색상.

答曰. 卽此法身是色體故 能現於色,[2] 所謂 從本已來 色心不二
답왈. 즉차법신시색체고 능현어색, 소위 종본이래 색심불이

以色性卽智故 色體無形 說名智身,[3] 以智性卽色故 說名法身遍一
이색성즉지고 색체무형 설명지신, 이지성즉색고 설명법신변일

切處.[4]
체처.

---

1) 이에서의 색상(色相)은 보신(報身)과 응신(應身)을 말한 것이라고 보아야 할 것이다. 따라서 이 질문은 불(佛)의 삼신(三身)에 대한 것을 정리하면서 색상을 떠나있는 것이 법신(法身)인데 그런 법신(法身)이 어떻게 색상(色相)인 보신(報身)과 응신(應身)을 나타낼 수 있는가를 물은 것이라고 하겠다.

2) 법신(法身)은 보신(報身)과 응신(應身)의 본체(本體)이기에 능히 보신과 응신을 나타낸다는 뜻으로 보면 될 것이다.

3) 색심불이(色心不二)는 일반적으론 색법(色法)과 심법(心法)이 본래 따로 있는 것이 아니라는 말이니 유심(唯心)과도 같은 뜻의 말인데, 이에서의 색심불이(色心不二)는 흐름으로 보아 색(色)은 보신(報身)과 응신(應身)을 말하고 심(心)은 일심진여(一心眞如)인 법신(法身)을 말한 것으로 보인다. 따라서 심(心)의 작용을 지(智)라고 하면 색성(色性)이 곧 지(智) <색성즉지(色性卽智)>가 된다. 그리고 그런 색성(色性)은 본래 공(空)하여 일정한 형상이 없으나 이를 이름 지어 지신(智身)이라고 한다는 것이다.

묻는다. 만약 제불(諸佛)의 법신(法身)이 색상(色相)을 떠났다면 어찌하여 색상을 나타낼 수 있는가.

답한다. 즉 이 법신(法身)이 색(色)의 체(體)인 까닭에 색(色)을 나타낼 수 있으니, 소위 본래부터 색(色)과 심(心)이 둘(二)이 아니라 색성(色性)이 곧 지(智)인 까닭에 색상(色相)의 체(體)가 형상이 없어 지신(智身)이라 하고, 지성(智性)이 곧 색(色)인 까닭에 법신(法身)이 일체처(一切處)에 두루 한다고 설하는 것이다.

---

4) 색성즉지(色性卽智)이면 지(智)의 본성(本性) 즉 지성(智性)은 색법(色法)에 상즉(相卽)하여 떠나지 않은 것<지성즉색(智性卽色)>이라, 법신(法身)은 보신(報身)과 화신(化身)이 일체처(一切處)에 두루 함에 함께 두루 하니 이를 '법신변일체처(法身遍一切處)'라고 한다는 것이다. 지성(智性)이 색상(色相)을 떠나 있다면 법신(法身)이 일체처(一切處)에 두루 한다고 할 수 없을 것이나 서로 상즉(相卽)하여 있기에 일체처에 두루 한다고 한 것이라고 볼 수 있을 것이다.

所現之色 無有分齊 隨心能示十方世界 無量菩薩 無量報身 無量
소현지색 무유분제 수심능시시방세계 무량보살 무량보신 무량

莊嚴 各各差別 皆無分齊 而不相妨. 此非心識分別能知 以眞如自
장엄 각각차별 개무분제 이불상방. 차비심식분별능지 이진여자

在用義故.[1]
재용의고.

---

1) 일심진여(一心眞如)인 법신(法身)이 나타내는 색상(色相)은 획일적으로 어떤 정해진 형태가 있는 것이 아니기에 마음 따라 무량(無量)한 보살(菩薩)과 무량한 보신(報身)과 무량한 장엄(莊嚴) 등을 나타내는데 이들은 각각 다르지만 그렇다고 하여 서로 방해하는 것도 아니니, 이런 것은 진여(眞如)의 자재(自在)한 작용의 뜻이기에 망상(妄想)의 심식(心識)으로 분별하여 알 수 있는 것이 아니라는 것이다.

이 부분은 전반적으로 진여문(眞如門)에서 생멸문(生滅門)을 일으키는 과정에 대한 설명이다.

* 불(佛)의 삼신(三身) 즉 법신(法身) 보신(報身) 응신(應身)은 다 진여(眞如)의 기능이요 진여의 모습이다. 하지만 중생은 본래 진여와 한 몸이면서도 무명(無明)으로 인해 진여의 기능이나 진여의 모습을 나타내는 것은 고사하고 늘 이리 걸리고 저리 걸리며 헤매고 있다. 그렇기 때문에 본래의 진여의 자리로 돌아가고자 발심(發心)을 하고 수행(修行)을 하는 것이며, 대승(大乘)에선 이런 이를 보살(菩薩)이라고 부르는 것이다.

나타나는 색(色)에는 분제(分齊)가 없어 마음에 따라 능히 시방세계(十方世界)의 무량(無量)한 보살(菩薩)과 무량한 보신(報身)과 무량한 장엄(莊嚴)을 시현(示現)하니 각각 차별하여 모두 분제(分齊)가 없으나 서로 방해하지 않는다. 이것은 심식(心識)으로 분별하여 알 수 있는 것이 아니니 진여(眞如)의 자재(自在)한 작용의 뜻이기 때문이다.

	체(體)	법신(法身)
진여(眞如)	상(相)	<여래장(如來藏)>
	용(用)	보신(報身) 응신(應身)

* 불신(佛身)을 파악하는 방법은 경론(經論)에 따라 다양한데, 이 대승기신론(大乘起信論)에서는 위의 도표에서 보는 바와 같이 설명하고 있다. 하지만 어떠한 표현으로 어떻게 배대(配對)하여 설명하든지 내용적으로 보면 다 같이 불신(佛身)에 대한 파악이라 다를 것이 없을지니 불신(佛身)에 대한 전체적인 파악에서 받아들이면 될 것이다.

(4) 생멸문(生滅門)으로부터 진여문(眞如門)에 들어감

復次 顯示從生滅門卽入眞如門.
부차 현시종생멸문즉입진여문.

所謂 推求五陰 色之與心,[1] 六塵境界 畢竟無念,[2] 以心無形相
소위 추구오음 색지여심, 육진경계 필경무념, 이심무형상

十方求之 終不可得. 如人迷故 謂東爲西 方實不轉, 衆生亦爾 無
시방구지 종불가득. 여인미고 위동위서 방실부전, 중생역이 무

明迷故 謂心爲念[3] 心實不動 若能觀察 知心無念 卽得隨順 入眞
명미고 위심위념 심실부동 약능관찰 지심무념 즉득수순 입진

如門故.[4]
여문고.

---

1) 추구오음 색지여심(推求五陰 色之與心) : 색(色)·수(受)·상(想)·행(行)·식(識)의 오음(五陰) 즉 오온(五蘊)은 제법(諸法)을 다섯 가지의 부류로 나눈 것인데, 이를 내용적으로 크게 줄여 보면 색법(色法) 즉 물질적인 것과 심법(心法) 즉 정신적인 것으로 볼 수 있다는 뜻이다.
2) 육진경계 필경무념(六塵境界 畢竟無念) : 색(色)·성(聲)·향(香)·미(味)·촉(觸)·법(法)의 육진(六塵)의 경계는 마음으로부터 전개된 것일 뿐이라 마음을 떠나 밖의 어딘가에 따로 생각할 수 있는 모습이 없다는 뜻이다.
3) 위심위념(謂心爲念) : 심(心)은 진여(眞如)의 마음을 말한 것이고, 염(念)은 생멸(生滅)의 마음을 말한 것이다.
4) 이 부분은 생멸심(生滅心)으로부터 진여심(眞如心)으로 들어가는 과정을 말한 것으로 본다.

(4) 생멸문(生滅門)으로부터 진여문(眞如門)에 들어감

또한 생멸문(生滅門)으로부터 곧 진여문(眞如門)에 들어감을 현시(顯示)한다.

소위 <색(色)·수(受)·상(想)·행(行)·식(識)의> 오음(五陰)을 추구(推求)하건대 색(色)<색법(色法)>과 심(心)<심법(心法)>이고, <색(色)·성(聲)·향(香)·미(味)·촉(觸)·법(法)의> 육진(六塵)의 경계는 <밖에 따로 생각할 수 있는 모습이 없으므로> 필경 염(念)이 없으며, <심(心)을 보아도> 심(心)은 형상이 없어 시방(十方)에 그것을 구하여도 종래 얻을 수 없다. 사람이 미혹한 까닭으로 동(東)을 서(西)라고 하나 방위는 실로 전변(轉變)하지 않음과 같이, 중생도 또한 그러하여 무명(無明)의 미혹인 까닭에 <진여의> 마음을 <생멸(生滅)의> 망념(妄念)이라고 하나 <진여의> 마음은 실로 부동(不動)하니 만약 능히 관찰하여 <진여의> 마음에 <생멸(生滅)의> 망념(妄念)이 없음을 알면 곧 수순(隨順)하여 진여문(眞如門)에 들어가기 때문이다.

---

* 보통 아(我)라는 것을 말할 때 오온(五蘊)의 가합(假合)이라고 하는데, 오온을 줄여 말하면 색법(色法)과 심법(心法)에 불과하다. 그런데 이 중 밖으로 보아 대경(對境)이라고 하는 육진(六塵)은 다 마음으로부터 전개된 것일 뿐 마음밖에 따로 존재하는 것이 아니며, 또한 안으로 보아 마음이라고 하여도 마음은 본래 형상이 없기에 시방세계를 다 돌아다녀도 구할 수가 없는 것이다. 이것이 본래의 모습이고 이엔 어떠한 동요도 있을 수 없다. 그러나 사람이 방향에 미혹하여 동쪽을 서쪽이라고 하나 방향이 바뀔 수 없는 것처럼, 중생이 무명(無明)의 미혹(迷惑) 때문에 진여심(眞如心)을 생멸심(生滅心)으로 잘못 알고 있으나 진여심은 본래 동요가 없는 것이다. 그러므로 잘 관찰하여 마음이 본래 동요가 없음을 알게 되면 진여에 합일(合一)될 수 있게 된다는 것이다.

三. 대치사집(對治邪執)

1. 이종(二種)의 사집(邪執)

對治邪執[1]者 一切邪執 皆依我見[2] 若離於我 則無邪執.
대치사집 자 일체사집 개의아견 약리어아 즉무사집.

是我見 有二種 云何爲二. 一者 人我見,[3] 二者 法我見.[4]
시아견 유이종 운하위이. 일자 인아견, 이자 법아견.

1) 인아견(人我見)

人我見者 依諸凡夫 說有五種 云何爲五.[5]
인아견자 의제범부 설유오종 운하위오.

---

1) 대치사집(對治邪執) : 해석분(解釋分)에 들어와 앞에서는 현시정의(顯示正義) 즉 바른 뜻을 나타내 보이는 면에서 설해진 것이었다. 지금부터는 삿된 견해에 집착하고 있는 것을 대치(對治)하는 면에서 설해지고 있다.
2) 아견(我見) : 아(我)에 대한 잘못된 견해를 말한다. 아(我)는 인간으로서의 개아(個我)의 실체(實體)<인아(人我)>라는 뜻으로도 쓰고, 모든 사물 즉 제법(諸法)의 실체(實體)<법아(法我)>라는 뜻으로도 쓴다.
3) 인아견(人我見) : 일반적으로는 개아(個我)에 대한 집착으로 아(我)에게 어떤 불변(不變)의 실체(實體)가 있다고 고집하는 잘못된 견해를 말하는데, 이에서는 그것을 법신여래장(法身如來藏)의 면에서 말하고 있다.
4) 법아견(法我見) : 제법(諸法)에 불변(不變)의 실체(實體)가 있다고 하는 잘못된 견해를 말한다.

三. 대치사집(對治邪執)

1. 이종(二種)의 사집(邪執)

사집(邪執)을 대치(對治)한다는 것은 일체(一切)의 사집(邪執)이 모두 아견(我見)의 의함이니 만약 아(我)를 여의면 곧 사집(邪執)이 없다는 것이다.

이 아견(我見)에 두 가지가 있으니 어떠한 것이 두 가지인가. 첫째는 인아견(人我見)이요, 둘째는 법아견(法我見)이다.

1) 인아견(人我見)

인아견(人我見)이라는 것은 온갖 범부에 의해 다섯 가지가 있음을 설하니 어떠한 것이 다섯 가지인가.

---

5) 인아견(人我見)을 범부의 입장에서 밝힌 것이니, 범부들이 고집하는 인아견을 다섯 가지의 경우로 나누어 밝히고 있다.

사집 (邪執)	인아견 (人我見)	여래법신(如來法身)이 허공과 같다고 하는 사집(邪執)
		여래법신(如來法身)이 공(空)이라고 하는 사집(邪執)
		여래장 안에 색법(色法) 심법(心法)의 차별이 있다는 사집(邪執)
		여래장 안에 본래 모든 염법(染法)이 있다고 하는 사집(邪執)
		중생에게 시작이 있고 열반에 끝이 있다고 하는 사집(邪執)
	법아견 (法我見)	오음(五陰)의 생멸(生滅)의 법(法)이 있음을 보아 생사(生死)를 두려워하고 망령되게 열반을 취함

첫째. 여래법신(如來法身)이 허공과 같다고 하는 사집(邪執)

一者, 聞 修多羅說 如來法身 畢竟寂寞 猶如虛空, 以不知爲破著
일자, 문 수다라설 여래법신 필경적막 유여허공, 이부지위파착

故 卽謂虛空是如來性.[1)
고 즉위허공시여래성.

云何對治. 明虛空相 是其妄法 體無不實. 以對色故有 是可見相
운하대치. 명허공상 시기망법 체무부실. 이대색고유 시가견상

令心生滅,[2)] 以一切色法 本來是心 實無外色 若無色者 卽無虛空
영심생멸, 이일체색법 본래시심 실무외색 약무색자 즉무허공

之相.[3)] 所謂一切境界 唯心妄起故有, 若心離於妄動 則一切境界滅
지상. 소위일체경계 유심망기고유, 약심리어망동 즉일체경계멸

唯一眞心 無所不遍.[4)] 此謂如來廣大性智究竟之義, 非如虛空相故.[5)]
유일진심 무소불변. 차위여래광대성지구경지의, 비여허공상고.

---

1) 경(經)에 여래의 법신(法身)이 무상(無相)인 것을 허공과 같다고 비유한 것을 가지고 허공이란 것을 따로 세워 집착하는 경우를 말한 것이다.
2) 명허공상~영심생멸(明虛空相~令心生滅) : 허공이란 분별지(分別智)가 식별해 낸 망법(妄法)이라 실체가 없는 것으로 색법(色法)에 대비(對比)해 그런 것이 없는 상태를 비유해 말하는 것인데, 이것이 허공이란 것의 상(相)으로 볼 상(相)이 되어 버린다면 이를 따라 마음이 생멸하게 된다는 것이다.
3) 이일체색법~즉무허공지상(以一切色法~卽無虛空之相) : 모든 색법(色法)은 마음에서 전개된 것이라 마음밖에 따로 있는 것이 아니니, 색법이 없다면 그에 대비하여 말하는 허공이란 상(相)도 있을 수 없다는 것이다.

첫째. 여래법신(如來法身)이 허공과 같다고 하는 사집(邪執)

첫째는, 수다라(修多羅)에 여래(如來)의 법신(法身)이 필경 적막(寂寞)하여 마치 허공(虛空)과 같다고 설한 것을 듣고, <이렇게 말한 것은 상(相)에의> 집착을 깨트리기 위한 까닭임을 알지 못하고 곧 허공이 여래의 성품이라고 말하는 것이다.

어떻게 대치(對治)하는가. 허공의 상(相)은 그 망령된 법이라 체(體)가 없어 부실(不實)함을 밝혀야 한다. 색(色)을 대하기 때문에 <허공이란 상(相)이> 있어 이것이 가히 볼 상(相)이며 <그 상(相)이 있고 없음을 따라> 마음을 생멸(生滅)하게 하니 일체의 색법(色法)이 본래 이 마음이라 실로 외색(外色) <즉 바깥의 색(色)>이 없으니 만약 색(色)이 없으면 곧 허공의 상(相)도 없다. 소위 모든 경계는 오로지 마음이 망령되게 일어나기 때문에 있는 것이기에, 만약 마음이 망령되게 움직이는 것을 여의면 곧 일체의 경계가 멸하고 오로지 하나인 진심(眞心)이 두루 하지 않음이 없다. 이것을 여래의 광대한 성지(性智)인 구경(究竟)의 뜻이라 하니, 허공의 상(相)과 같지 않기 때문이다.

4) 일체경계~무소불변(一切境界~無所不遍) : 온갖 대상경계(對象境界)는 오로지 마음이 망령되게 일어남에 의해 있게 되는 것이라 마음이 망령되게 일어남을 여의면 온갖 대상경계가 없어지니 그때에는 오로지 하나의 참된 마음만이 온 법계(法界)에 두루 한다는 것이다.
5) 차위여래광대성지구경지의 비여허공상고(此謂如來廣大性智究竟之義 非如虛空相故) : 망념이 사라짐에 대상경계가 없어져 진여일심(眞如一心)만이 두루 하게 되면 여래의 경지라 망법(妄法)으로 있는 허공과는 다르다는 것이다. 허공이란 비유가 본래 어떻다고 할 것이 없다는 것 등에 대한 어느 정도 상징적인 표현은 될 수 있겠지만 궁극적인 것을 나타내진 못한다.

둘째. 여래법신(如來法身)이 공(空)이라고 하는 사집(邪執)

二者, 聞 修多羅說 世間諸法 畢竟體空 乃至涅槃眞如之法 亦畢
이자, 문 수다라설 세간제법 필경체공 내지열반진여지법 역필

竟空 從本已來 自空 離一切相, 以不知爲破著故 卽謂 眞如涅槃之
경공 종본이래 자공 이일체상, 이부지위파착고 즉위 진여열반지

性 唯是其空.[1]
성 유시기공.

云何對治. 明眞如法身 自體不空, 具足無量性功德故.[2]
운하대치. 명진여법신 자체불공, 구족무량성공덕고.

---

1) 경(經)에 세간법(世間法)도 열반(涅槃) 진여(眞如)의 출세간법(出世間法)도 필경 공(空)하다고 한 말을 듣고 그런 말이 실유(實有)에 떨어진 사람들에게 공(空)을 일러주기 위한 방편임을 알지 못하고 진여법신(眞如法身)도 공(空)하다는 여실공(如實空)의 면에서 공(空)만을 알아 단공(但空)에 집착하고 있는 경우를 말한 것이다.

둘째. 여래법신(如來法身)이 공(空)이라고 하는 사집(邪執)

둘째는, 수다라(修多羅)에 세간(世間)의 제법(諸法)이 필경 체(體)가 공(空)하고 내지 열반(涅槃) 진여(眞如)의 법(法)도 또한 필경 공(空)하니 본래부터 스스로 공(空)하여 모든 상(相)을 떠났다고 설하는 것을 듣고, <이렇게 말한 것은 여실공(如實空)을 모르고 유(有)의 일변(一邊)에> 집착함을 깨트리기 위한 까닭임을 알지 못하고 곧 진여 열반의 성(性)도 오로지 그 공(空)이라고 말하는 것이다.

어떻게 대치(對治)하는가. 진여법신(眞如法身)이 자체(自體)가 공(空)하지 아니함을 밝혀야 하니, 무량(無量)한 본성(本性)의 공덕(功德)을 구족하고 있기 때문이다.

---

2) 진여법신의 여실불공(如實不空)의 면을 밝혀 일러주어야 함을 말한 것이다.

셋째. 여래장(如來藏) 안에 색법(色法) 심법(心法)의 차별이
       있다는 사집(邪執)

三者, 聞 修多羅說 如來之藏 無有增減 體備一切功德之法, 以不
삼자, 문 수다라설 여래지장 무유증감 체비일체공덕지법, 이불

解故 卽謂 如來之藏 有色心法自相差別.[1]
해고 즉위 여래지장 유색심법자상차별.

云何對治. 以唯依眞如義說故, 因生滅染義 示現說差別故.[2]
운하대치. 이유의진여의설고, 인생멸염의 시현설차별고.

---

1) 경(經)에 진여(眞如)인 여래장(如來藏)에 온갖 공덕을 갖추었다고 한 말을 듣고는 제대로 이해하지 못하여 여래장에 이미 색법(色法)과 심법(心法)이 서로 다른 양상으로 존재하고 있다는 식으로 잘못 생각하는 경우를 말한 것이다.

셋째. 여래장(如來藏) 안에 색법(色法) 심법(心法)의 차별이
　　　있다는 사집(邪執)

셋째는, 수다라(修多羅)에 여래지장(如來之藏)은 증감(增減)이 없어 체(體)에 온갖 공덕(功德)의 법(法)을 갖추었다고 설한 것을 듣고, <여실불공(如實不空)의 면을 바르게> 이해하지 못하기 때문에 곧 여래지장(如來之藏)에 색법(色法) 심법(心法)의 자상(自相)의 차별이 있다고 말하는 것이다.

어떻게 대치(對治)하는가. 오직 진여(眞如)의 뜻에만 의하여 설한 때문이니, 생멸(生滅)의 염(染)의 뜻을 인하여 시현(示現)함을 차별이라고 설하기 때문이다.

---

2) 여래장(如來藏)에 온갖 공덕을 갖추었다는 것은 진여(眞如)의 면에서 말한 것이다. 진여가 생멸(生滅)의 인연(因緣)에 의하기에 제법(諸法)이 있으니 진여인 면에선 색법(色法)도 심법(心法)도 다름이 없다. 업식(業識)에 의해 생멸(生滅)의 양상이 나타나므로 그런 양상을 차별이라 하는 것이지, 진여인 여래장 자체에는 차별이 없다는 뜻이다.

넷째. 여래장 안에 본래 모든 염법(染法)이 있다고 하는 사집(邪執)

四者, 聞 修多羅說 一切世間生死染法 皆依如來藏而有 一切諸法
사자, 문 수다라설 일체세간생사염법 개의여래장이유 일체제법

不離眞如, 以不解故 謂 如來藏自體 具有一切世間生死等法.[1]
불리진여, 이불해고 위 여래장자체 구유일체세간생사등법.

云何對治. 以如來藏 從本以來 唯有過恒沙等諸淨功德 不離不斷
운하대치. 이여래장 종본이래 유유과항사등제정공덕 불리부단

不異眞如義故,[2] 以過恒沙等煩惱染法 唯是妄有 性自本無 從無始
불이진여의고, 이과항사등번뇌염법 유시망유 성자본무 종무시

世來 未曾與如來藏相應故.[3] 若如來藏體有妄法 而使證會 永息妄
세래 미증여여래장상응고. 약여래장체유망법 이사증회 영식망

者 無有是處故.[4]
자 무유시처고.

---

1) 경(經)에 온갖 세간의 염법(染法)이 다 여래장(如來藏)을 의지하여 있고 온갖 제법(諸法)이 진여를 여의지 않는다고 설한 것을 듣고는 이를 잘못 이해하여 여래장 그 자체에 온갖 세간의 염법(染法)이 본래 갖추어져 있다고 집착하는 경우를 말한 것이다. 여래장이란 진여법신(眞如法身)을 중생의 면에서 이르는 말이다. 따라서 여래장이 온갖 염법(染法)이 있게 되는 근본이긴 하나 그 자체에 본래 염법(染法)을 지니고 있는 것은 아니다.
2) 여래장은 항하사(恒河沙)보다도 많은 한량없는 공덕을 갖추고 있는 것이어서 이런 공덕을 여의지도 아니하고 단절하지도 아니하니, 그것은 여래장이 진여(眞如)와 다른 뜻이 아니기 때문이란 것이다.

넷째. 여래장 안에 본래 모든 염법(染法)이 있다고 하는 사집(邪執)

넷째는, 수다라(修多羅)에 일체(一切) 세간(世間)의 생사(生死)의 염법(染法)이 다 여래장(如來藏)에 의하여 있고 일체제법(一切諸法)이 진여(眞如)를 여의지 않는다고 설한 것을 듣고, <그 뜻을 제대로> 이해하지 못하기 때문에 여래장 자체에 일체 세간의 생사(生死) 등의 법(法)이 갖추어져 있다고 말하는 것이다.

어떻게 대치(對治)하는가. 여래장은 본래부터 오로지 항하사(恒河沙)보다도 많은 온갖 깨끗한 공덕(功德)이 있으니 <그런 공덕을> 여의지도 않고 단절하지도 않아 진여(眞如)와 다르지 않은 뜻이기 때문이며, 항하사보다도 많은 번뇌의 염법(染法)은 오직 망령되게 있음이라 성품이 스스로 본래 없으니 비롯함이 없는 세상으로부터 일찍이 여래장과 더불어 상응(相應)하지 않기 때문이다. 만약 여래장이 <본래> 그 체(體)에 망법(妄法)이 있다면 <진여(眞如)를> 증회(證會)하여 영원히 망(妄)을 쉬게 한다는 것은 맞지 않는 말이기 때문이다.

3) 온갖 염법(染法)은 오로지 망정(妄情)으로 있게 되는 것일 뿐이기에 비롯함이 없는 세상으로부터 일찍이 여래장(如來藏)과 상응(相應)하지 않기 때문이란 것이다. 즉 여래장 자체에 본래 염법이 있는 것이 아니라는 말이다.
4) 만약 여래장(如來藏)에 본래 염법(染法)이 있는 것이라면 여래장(如來藏)인 진여법신(眞如法身)을 증득(證得)하여도 염법(念法)은 그대로 있을 것이니, 진여법신을 증득하여 모든 망상(妄想)을 쉬게 한다는 것은 맞지 않는 말이 되기 때문이란 것이다.

다섯째. 중생에게 시작이 있고 열반에 끝이 있다고 하는 사집(邪執)

五者, 聞 修多羅說 依如來藏故有生死 依如來藏故得涅槃, 以不解
오자, 문 수다라설 의여래장고유생사 의여래장고득열반. 이불해

故 謂衆生有始 以見始故 復謂 如來所得涅槃 有其終盡 還作衆生.[1]
고 위중생유시 이견시고 부위 여래소득열반 유기종진 환작중생.

云何對治. 以如來藏無前際故 無明之相 亦無有始. 若說三界外
운하대치. 이여래장무전제고 무명지상 역무유시. 약설삼계외

更有衆生始起者 卽是外道經說.[2] 又如來藏 無有後際 諸佛所得涅
갱유중생시기자 즉시외도경설. 우여래장 무유후제 제불소득열

槃 與之相應 卽無後際故.[3]
반 여지상응 즉무후제고.

---

1) 경(經)에 여래장(如來藏)에 의해 생사(生死)가 있고 또 열반(涅槃)을 얻는다고 설한 것을 듣고 이를 잘못 이해하여, 여래장에 의해 생사(生死)가 있다면 생사(生死)는 시작이 있는 것이니 그런 생사(生死)의 중생도 시작이 있을 것이고, 여래장에 의해 열반을 얻어 불(佛)이 된다면 열반의 경우도 마찬가지라 시작이 있으면 끝이 있을 것이니 열반이 끝나면 불(佛)이 되었다가도 다시 중생으로 돌아가지 않겠느냐고 생각하는 경우를 말한 것이다.
2) 여래장이니 열반이니 하는 것은 중생이 느끼며 사는 생멸(生滅)의 세계와는 관계없이 불생불멸(不生不滅)이요 무시무종(無始無終)이다. 따라서 여래장이란 시간적으로 과거가 없기에 그로 인한 무명(無明)의 모습도 시작이 없다. 그리고 이런 무명의 모습으로 나타나는 중생세계를 욕계 색계 무색계의 삼계(三界)라고 한다. 따라서 삼계 외에 새삼스럽게 중생을 처음 시작하는 자가 있다고 하면 그런 것은 외도(外道)의 경전에서나 설하는 것이지 정법(正法)인 불법(佛法)에서 설하는 것이 아니라는 것이다.

다섯째. 중생에게 시작이 있고 열반에 끝이 있다고 하는 사집(邪執)

다섯째는, 수다라(修多羅)에 여래장(如來藏)에 의하기 때문에 생사(生死)가 있고 여래장에 의하기 때문에 열반을 얻는다고 설한 것을 듣고, 이를 <바르게> 이해하지 못하여 중생에게 시작이 있다고 말하고 그 시작을 보기 때문에 다시 여래가 얻는 열반에도 그 다함이 있어 도로 중생이 된다고 말하는 것이다.

어떻게 대치(對治)하는가. 여래장에는 과거가 없기 때문에 <시작도 없어 여래장에 의한> 무명(無明)의 상(相)도 또한 시작이 없다. <그러므로 무명으로 인한 생사(生死)도 시작이 없다.> 만일 삼계(三界)의 밖에 다시 중생이 있어 처음으로 일어난다고 말하면 즉 이것은 외도(外道)의 경(經)에서 말하는 것이다. 또한 여래장에는 미래가 없으니 제불(諸佛)의 얻는 열반도 그와 더불어 상응하여 곧 미래가 없기 때문이다.

---

3) 열반을 얻는다는 것도 불생불멸(不生不滅)이요 무시무종(無始無終)인 여래장에 합일(合一)되는 것이라 과거가 있을 리 없으니 미래도 있을 리 없어 끝남이란 것이 있을 수 없다는 것이다.

* 삼세(三世)를 삼제(三際)라고도 하여 전제(前際)는 과거, 중제(中際)는 현재, 후제(後際)는 미래를 뜻한다.
* '열반을 얻는다' '깨달음을 얻는다' 등으로 말하는 경우 한문으로는 증(證) 득(得) 증득(證得) 등으로 표현하는데 이때의 '얻는다' 는 표현은 무언가가 어디 따로 있어 얻는다는 뜻이 아니고 '그런 상태가 된다'는 뜻이니, 이는 각기 '열반의 상태가 된다' '깨달음의 상태가 된다'는 뜻이다. 그리고 열반이니 깨달음이니 하는 것은 본래 있는 자리를 나타내는 말이지 새삼스럽게 만들어져 있게 되는 자리를 나타내는 말이 아니다.

2) 법아견(法我見)

法我見者 依二乘鈍根故 如來但爲說人無我 以說不究竟 見有五
법아견자 의이승둔근고 여래단위설인무아 이설불구경 견유오

陰生滅之法 怖畏生死 妄取涅槃.[1)]
음생멸지법 포외생사 망취열반.

云何對治. 以五陰法 自性不生 則無有滅 本來涅槃故.[2)]
운하대치. 이오음법 자성불생 즉무유멸 본래열반고.

---

1) 인무아(人無我)를 다섯 가지의 경우로 나누어 밝히고 각기 그에 대해 대치(對治)하는 방법을 밝힌 다음엔 법무아(法無我)에 대해 밝히고 있는데, 법무아는 전체적으로 한 가지로 밝히고 있다. 이에선, 성문(聲聞) 연각(緣覺)의 이승(二乘)들의 둔근(鈍根)에 대하여 인무아(人無我) 즉 아공(我空)의 이치는 설하였으나 아직 법무아(法無我) 즉 법공(法空)의 이치를 설하지 않아 구경(究竟)하지 않았으므로, 오음(五陰)의 생멸(生滅)의 법(法)을 보아 생사(生死)를 두려워하여 생사(生死)를 떠난 열반이란 것을 설정하여 실재(實在)하는 양 허망하게 취함을 가지고 법무아(法無我)에 대해 말하고 있다. 떠나야 할 생사(生死)가 있고 얻어야 할 열반(涅槃)이 있다고 하는 것은 모두 법아견(法我見) 즉 법집(法執)일 뿐이라는 것이다.
2) 색(色)·수(受)·상(想)·행(行)·식(識)의 오음(五陰)이란 그 자성(自性)이 공(空)한 것이어서 본래 따로 있는 것이 아니니, 생긴다는 것도 멸한다는 것도 본래 있을 수 없다. 그렇다면 생사(生死)도 마찬가지이다. 생사가 본래 없으면 이미 열반이며, 다른 말로 하자면 생사(生死)와 열반(涅槃)은 따로 있는 것이 아니라 생사 그대로 열반이고 열반 그대로 생사인

2) 법아견(法我見)

 법아견(法我見)이라는 것은 이승(二乘)의 둔근(鈍根)에 의하기 때문에 여래께서 단지 인무아(人無我)만을 설하셨으나 <그렇게> 설하신 것은 구경(究竟)이 아닌데 <색(色)·수(受)·상(想)·행(行)·식(識)의> 오음(五陰)의 생멸(生滅)의 법(法)이 있음을 보아 <오음(五陰)으로 구성된 것이 인간이라> 생사(生死)를 두려워하고 망령되게 열반을 취함이다.

 어떻게 대치(對治)하는가. 오음(五陰)의 법(法)이란 자성(自性)이 불생(不生)이기에 곧 멸(滅)함이 없으니 본래 열반(涅槃)인 까닭이다.

것이다. 생사(生死)라는 것이 있어 그것은 떠나야 하고 열반(涅槃)이란 것이 있어 그것은 얻어야 한다는 식의 생각은 법아견(法我見)에 불과한 것으로 집착을 떠나지 못한 것이니, 그런 생각으론 아무리 한다고 해도 무애자재(無礙自在)한 참된 열반에는 이르지 못한다는 것이다. 이것이 대승의 열반관이다. 그런데 이렇게 말하는 것은, 소승에선 생사(生死)를 떠나 열반(涅槃)을 얻는다고 하여 자신의 번뇌를 끊는 것에만 주력한 나머지 자신의 번뇌를 끊은 것을 열반이라 하고 그에 집착하여 중생교화를 외면하고 있었기에, 그런 것은 온갖 집착을 떠나 중생과 같이 하면서 중생을 교화하는 자재(自在)함을 갖추지 못함이라 불(佛)의 본의(本意)에 어긋났으므로, 대승에선 불(佛)의 본의(本意)를 찾아 생사(生死)는 물론 열반(涅槃)이라는 것에도 걸림이 없는 참된 열반을 목표로 하였기 때문이다. 생사(生死)에도 열반(涅槃)에도 그 어디에도 걸림이 없는 나아가선 걸림이 없다는 것에도 걸림이 없는 것이 불(佛)의 본의(本意)를 찾은 대승에서 말하는 참된 열반인 것이다.

2. 구경(究竟)에 망집(妄執) 여읨을 밝힘

復次 究竟離妄執者, 當知, 染法淨法 皆悉相待 無有自相可說.[1]
부차 구경리망집자, 당지, 염법정법 개실상대 무유자상가설.

是故 一切法 從本以來 非色非心, 非智非識, 非有非無, 畢竟不可說相.[2] 而有言說者, 當知, 如來 善巧方便 假以言說 引導衆生 其
시고 일체법 종본이래 비색비심, 비지비식, 비유비무, 필경불가설상. 이유언설자, 당지, 여래 선교방편 가이언설 인도중생 기

旨趣者 皆爲離念 歸於眞如, 以念一切法 令心生滅 不入實智故.[3]
지취자 개위리념 귀어진여, 이념일체법 영심생멸 불입실지고.

---

1) 염법정법 개실상대 무유자상가설(染法淨法 皆悉相待 無有自相可說): 생사(生死)의 염법(染法)이니 열반(涅槃)의 정법(淨法)이니 하는 것은 다 본래 그런 것이 따로 있는 것이 아니고, 염(染)을 세우면 그에 대해 정(淨)이 있게 되고 정(淨)을 세우면 그에 대해 염(染)이 있게 되어, 이들은 서로 상대적(相待的)인 것이라 무엇이라고 말할 수 있는 그 나름대로의 본래 고유한 자성(自性)이란 없다는 뜻이다.
2) 시고 일체법 종본이래 비색비심 비지비식 비유비무 필경불가설상(是故 一切法 從本以來 非色非心 非智非識 非有非無 畢竟不可說相): 염법(染法) 정법(淨法)이 다 그렇다면 일체법(一切法) 즉 모든 사물이 다 그러하니 모든 사물은 본래 색법(色法)이라고 할 것도 아니고 심법(心法)이라고 할 것도 아니며, 지(智) 즉 지혜(智慧)라고 할 것도 아니고 식(識) 즉 업식(業識)이라고 할 것도 아니며, 참으로 있다<유(有)>고 할 것도 아니고 참으로

2. 구경(究竟)에 망집(妄執) 여읨을 밝힘

또한 구경(究竟)에 망집(妄執)을 여읜다는 것은, 마땅히 알지니, 염법(染法)과 정법(淨法)은 모두 다 상대(相待)하여 <있게 되는 것이기에> 자체(自體)의 상(相)을 가히 설할 수 없다. 이 까닭으로 일체법(一切法)은 본래부터 색(色)도 아니요 심(心)도 아니며, 지(智)도 아니요 식(識)도 아니며, 유(有)도 아니요 무(無)도 아니기에, 필경 그 상(相)을 설할 수 없다. 언설(言說)이 있다는 것은, 마땅히 알지니, 여래(如來)께서 선교방편(善巧方便)으로 언설을 빌려 중생을 인도(引導)하신 것으로 그 취지는 다 망념(妄念)을 여의고 진여(眞如)에 돌아가게 하기 위함이니, 일체법(一切法)을 생각하면 마음을 생멸(生滅)하게 하여 실지(實智)에 들지 못하기 때문이다.

없다<무(無)>고 할 것도 아니니, 필경 말로 설할 수 없다는 것이다. 이런 것은 모든 사물이 본래 다 공(空)함을 표현한 것이다.
 3) 언설(言說)로 이렇다 저렇다 하는 것은 본래 이런 것이 따로 있고 저런 것이 따로 있어서 그렇게 말하는 것이 아니라 선교방편(善巧方便)으로 언설을 빌려 중생들을 인도(引導)하여 진여(眞如)의 실지(實智)에 들게 하기 위함이다. 그러므로 만일 이렇다 저렇다 하고 이름 지어 놓은 일체법(一切法)에 대해 이름에 따른 그 어떤 것들이 참으로 있는 것인 양 집착하면 마음이 그들을 따라 생멸(生滅)하게 되어 진여(眞如)의 실지(實智)에 들지 못하게 된다는 것이다.

四. 분별발취도상(分別發趣道相)

1. 총설(總說)

分別發趣道相[1]者 謂 一切諸佛 所證之道 一切菩薩 發心修行 趣
분별발취도상 자 위 일체제불 소증지도 일체보살 발심수행 취

向義故.
향의고.

略說 發心 有三種 云何爲三. 一者 信成就發心, 二者 解行發心,
약설 발심 유삼종 운하위삼. 일자 신성취발심, 이자 해행발심,

三者 證發心.[2]
삼자 증발심.

---

1) 분별발취도상(分別發趣道相) : 도(道)에 발취(發趣)하는 모습을 분별한다는 것이니, 보살들이 발심(發心)을 하고 수행(修行)을 하여 도(道)에 취향(趣向)하여 가는 모습을 분별하여 설한 것이다.
2) 발심(發心)을 신성취발심(信成就發心) 해행발심(解行發心) 증발심(證發心)의 세 단계로 나누어 말했으니, 신성취발심(信成就發心)이란 믿음을 성취시키고 결심을 하는 것을 주된 내용으로 하는 발심(發心)이고, 해행발심(解行發心)이란 이해(理解)와 실천행(實踐行)을 주된 내용으로 하는 발심이며, 증발심(證發心)이란 법신(法身)을 증득(證得)하고 진심(眞心)을 내는 것을 주된 내용으로 하는 발심이다. 설명은 뒤에 자세히 나오지만 이들은 불법(佛法)의 수행단계인 믿고 이해하고 행하여 증득한다는 신(信)·해(解)·행(行)·증(證)의 순서로 보살의 수행위계(修行位階)를 따라 나누어 놓은 것이라 할 수 있다. 원효스님은 이를 이렇게 나누어 보았다.

四. 분별발취도상(分別發趣道相)

1. 총설(總說)

분별발취도상(分別發趣道相)이라는 것은 일체제불(一切諸佛)의 증득(證得)한 도(道)에 일체(一切)의 보살(菩薩)이 발심(發心)하고 수행(修行)하여 취향(趣向)하는 뜻이기 때문에 이른 말이다.

간략히 말하면 발심(發心)에 세 가지가 있으니 어떠한 것이 세 가지인가. 첫째는 신성취발심(信成就發心)이고, 둘째는 해행발심(解行發心)이며, 셋째는 증발심(證發心)이다.

발취도상 (發趣道相)	신성취발심 (信成就發心)	십신 (十信)	신심(信心)을 수습(修習)하고
		십주 (十住)	신심(信心)이 성취되어 결정(決定)의 마음을 내고
	해행발심 (解行發心)	십행 (十行)	법공(法空)을 알아 법계(法界)에 수순(隨順)하여 육도행(六度行)을 하고
		십회향 (十廻向)	육도행(六度行)이 순숙(純熟)해져 회향심(廻向心)을 내고
	증발심 (證發心)	십지 (十地)	법신(法身)을 증득(證得)하여 진심(眞心)을 드러냄

2. 신성취발심(信成就發心)

1) 발심(發心)의 인연(因緣)

信成就發心者 依何等人 修何等行 得信成就 堪能發心.
신성취발심자 의하등인 수하등행 득신성취 감능발심.

所謂 依不定聚[1]衆生 有熏習善根力故 信業果報 能起十善[2] 厭生
소위 의부정취 중생 유훈습선근력고 신업과보 능기십선 염생

死苦 欲求無上菩提 得値諸佛 親承供養 修行信心, 經一萬劫[3] 信
사고 욕구무상보리 득치제불 친승공양 수행신심, 경일만겁 신

心成就故 諸佛菩薩 教令發心, 或以大悲故 能自發心, 或因正法欲
심성취고 제불보살 교령발심, 혹이대비고 능자발심, 혹인정법욕

滅 以護法因緣故 能自發心.
멸 이호법인연고 능자발심.

---

1) 부정취(不定聚) : 중생의 성질을 셋으로 나누어 삼취(三聚) 또는 삼정취(三定聚)라고 하니, ①정정취(正定聚) : 계속 향상하여 반드시 성불(成佛)이 결정된 기류(機類) ②사정취(邪定聚) : 성불할만한 소질을 갖추지 못하고 타락해 가는 기류(機類) ③부정취(不定聚) : 일정치 않아 연(緣)이 있으면 성불할 수 있고, 연(緣)이 없으면 미혹(迷惑)할 기류(機類)를 말한다.

2) 십선(十善) : 십선도(十善道) 십선업도(十善業道)라고도 하는데, 신(身)·구(口)·의(意)의 행위<업(業)> 중 가장 현승(顯勝)한 것을 들어 말한 것이다. 신업(身業) ; ①불살생(不殺生) ②불투도(不偸盜) ③불사음(不邪婬), 구업

2. 신성취발심(信成就發心)

1) 발심(發心)의 인연(因緣)

신성취발심(信成就發心)이란 어떠한 사람들에 의하여 어떠한 행(行)들을 닦아 신성취(信成就)를 얻어 능히 발심(發心)함을 감당할 수 있다는 것인가.

소위 부정취(不定聚)의 중생에 의함이니 <과거의> 훈습(熏習)과 선근(善根)의 힘이 있기 때문에 업(業)의 과보(果報)를 믿어 능히 십선(十善)을 일으키며 생사(生死)의 괴로움을 싫어하고 무상(無上)의 보리(菩提)를 구하고자 하여 제불(諸佛)을 만나 친히 받들고 공양하며 신심(信心)을 닦아 행하니, 일만겁(一萬劫)을 지나 <십신(十信)의> 신심(信心)을 성취하는 까닭으로 제불보살(諸佛菩薩)이 가르쳐 <십신(十信)을 성취하고 십주위(十住位)로> 발심(發心)하도록 하며, 혹은 <스스로> 대비(大悲)를 가진 까닭으로 능히 스스로 발심(發心)하며, 혹은 정법(正法)이 멸(滅)하려 함을 인하여 법(法)을 보호하고자 하는 인연(因緣) 때문에 능히 스스로 발심(發心)하는 것이다.

(口業) ; ④불양설(不兩舌) ⑤불망어(不妄語) ⑥불악구(不惡口) ⑦불기어(不綺語), 의업(意業) ; ⑧불탐욕(不貪欲) ⑨불진에(不瞋恚) ⑩불사견(不邪見). 이는 금계(禁戒)로서 그치는 것이 아니기에 악행(惡行)을 금하는 동시 선행(善行)을 하는데 그 목적을 두고 있는 것이다. 이 중 불사음(不邪婬)이면 재가계(在家戒)이나, 불음(不婬)이면 출가계(出家戒)가 된다.
 3) 일만겁(一萬劫) : 겁(劫)은 범어 kalpa 의 음역인데 시간의 단위로는 표현할 수 없는 긴 기간을 말한다. 이에서의 일만겁(一萬劫)이란 어떤 정해진 기간을 말하는 것이 아니라 긴 기간을 나타낸 말로 보면 될 것이다.

如是信心成就得發心者 入正定聚 畢竟不退, 名住如來種[1]中 正因
여시신심성취득발심자 입정정취 필경불퇴, 명주여래종 중 정인

相應.[2]
상응.

若有衆生 善根微少 久遠已來 煩惱深厚, 雖値於佛 亦得供養 然
약유중생 선근미소 구원이래 번뇌심후, 수치어불 역득공양 연

起人天種子 或起二乘種子, 設有求大乘者 根則不定 若進若退.[3]
기인천종자 혹기이승종자, 설유구대승자 근즉부정 약진약퇴.

---

 1) 여래종(如來種) : 여래(如來)의 종자(種子), 또는 여래의 종성(種姓)을
말한다.
 2) 이 부분은 전반적으로 부정취(不定聚)의 중생 중 내인(內因) 외연(外
緣)이 수승(殊勝)한 경우를 말한 것이다.

이와 같이 신심(信心)을 성취하고 발심(發心)을 하는 자는 정정취(正定聚)에 들어 필경 물러나지 아니하니, '여래종(如來種) 중에 머물러 <깨달음을 얻을> 정인(正因)과 상응(相應)함'이라고 한다.

만약 중생이 있어 선근(善根)이 미소(微少)하고 구원(久遠) 이래로 번뇌가 깊고 두터우면, 비록 제불(諸佛)을 만나고 또한 공양(供養)을 할지라도 인간 천상의 종자(種子)를 일으키고 혹은 <성문(聲聞) 연각(緣覺)의> 이승(二乘)의 종자를 일으키며, 설사 대승(大乘)을 구하는 자가 있어도 근기(根機)가 부정(不定)하여 나아가기도 하고 물러나기도 한다.

---

3) 앞에 나온 부정취(不定聚)의 중생들 중 내인(內因)이 하열(下劣)하여 비록 부처님을 만나 공양을 하더라도 인간 천상에 태어나고자 하는 종자(種子)나 성문(聲聞) 연각(緣覺)의 소승(小乘)의 종자(種子)를 일으키고, 설사 대승(大乘)을 구한다고 하여도 일정치가 않아 앞으로 나아가기도 하고 뒤로 물러나기도 한다는 것을 말한 것이다.

或有供養諸佛　未經一萬劫　於中遇緣　亦有發心, 所謂　見佛色相
혹유공양제불　미경일만겁　어중우연　역유발심, 소위　견불색상

而發其心, 或因供養衆僧　而發其心, 或因二乘之人敎令發心　或學
이발기심, 혹인공양중승　이발기심, 혹인이승지인교령발심　혹학

他發心.¹⁾
타발심.

如是等發心　悉皆不定　遇惡因緣　或便退失　墮二乘地.²⁾
여시등발심　실개부정　우악인연　혹변퇴실　타이승지.

---

1) 부정취(不定聚)의 중생들 중 외연(外緣)이 하열(下劣)한 경우를 말한 것이다. 제불(諸佛)께 공양을 올린다고 해도 일만겁(一萬劫)을 채우지 못한 도중에서 외연(外緣)을 만나면 발심(發心)을 하기도 하는데, 불(佛)의 참모습은 보지 못하고 색상(色相)을 보고 발심하기도 하며, 혹은 중승(衆僧)에게 공양함으로 발심하기도 하며, 혹은 소승인들의 가르침을 인하여 발심하기도 하며, 혹은 다른 사람에게 배워 발심하기도 한다고 하였으니, 이들은 모두 외연(外緣)에 인한 발심(發心)이긴 하지만 다 하열한 것이다. 일만겁(一萬劫)은 오랜 기간을 비유하여 쓴 말이다.

혹은 제불(諸佛)께 공양함이 있되 일만겁(一萬劫)을 지나지 않더라도 도중에 연(緣)을 만나 또한 발심(發心)함이 있으니, 소위 불(佛)의 <참된 모습은 보지 못하고> 색상(色相)을 보고 그 마음을 내며, 혹은 중승(衆僧)에게 공양함을 인하여 그 마음을 내며, 혹은 이승인(二乘人)의 가르침을 인하여 <그 가르침이> 발심하게 하며, 혹은 다른 사람에게 배워 발심한다.

이들과 같은 발심은 모두 다 부정(不定)하여 악(惡)한 인연(因緣)을 만나면 혹은 곧 퇴실(退失)하여 이승(二乘)의 지위(地位)에 떨어진다.

---

2) 그렇기 때문에 이러한 발심(發心)은 아직 부정(不定)이라서 악(惡)한 인연(因緣)을 만나면 퇴실(退失)하여 소승(小乘)의 지위(地位)에 떨어질 수도 있다고 한 것이다.

* 약유중생(若有衆生)부터 타이승지(墮二乘地)까지는 부정취(不定聚)의 중생들 중 내인(內因)과 외연(外緣)이 하열(下劣)한 경우를 말한 것이다.

Ⅲ. 해석분(解釋分) 195

2) 발심(發心)의 모습

復次 信成就發心者 發何等心, 略說三種 云何爲三.
부차 신성취발심자 발하등심, 약설삼종 운하위삼.

一者 直心 正念眞如法故, 二者 深心 樂集一切諸善行故, 三者
일자 직심 정념진여법고, 이자 심심 낙집일체제선행고, 삼자

大悲心 欲拔一切衆生苦故.[1]
대비심 욕발일체중생고고.

問曰. 上說 法界一相 佛體無二, 何故 不唯念眞如 復假求學諸善
문왈. 상설 법계일상 불체무이, 하고 불유념진여 부가구학제선

之行.
지행.

---

1) 원효스님은 삼심(三心)에서 직(直)은 불곡(不曲) 즉 구부러지지 않는다는 의미에서 제법(諸法)의 본성(本性)을 본성 그대로 안다, 심(深)은 궁원(窮原) 즉 마음의 근원을 드러낸다 즉 마음의 근원에는 선(善)만이 있기에 선행(善行)으로 그런 마음의 근원을 드러낸다, 대비(大悲)는 보제(普濟) 즉 널리 중생을 제도한다는 뜻이라고 하였다.

2) 발심(發心)의 모습

 다음 신성취발심(信成就發心)이란 어떠한 마음을 내는 것인가. 간략히 말하면 세 가지이니 어떠한 것이 세 가지인가.

 첫째는 직심(直心)이니 진여법(眞如法)을 바르게 생각하기 때문이요, 둘째는 심심(深心)이니 일체의 모든 선행(善行)을 즐겨 모으기 때문이요, 셋째는 대비심(大悲心)이니 일체 중생의 괴로움을 뽑아주고자 하기 때문이다.

 묻는다. 위에서 설하길 법계(法界)는 일상(一相)이요 불체(佛體)는 무이(無二)라 했는데, 무슨 까닭으로 오로지 진여(眞如)만을 생각하지 아니하고 다시 온갖 선(善)의 행(行)을 구하여 배우는가.

答曰. 譬如大摩尼寶[1] 體性明淨 而有鑛穢之垢 若人雖念實性 不
답왈. 비여대마니보　체성명정　이유광예지구　약인수념보성　불

以方便種種磨治　終無得淨. 如是衆生眞如之法　體性空淨　而有無
이방편종종마치　종무득정. 여시중생진여지법　체성공정　이유무

量煩惱染垢　若人雖念眞如　不以方便種種熏修　亦無得淨, 以垢無
량번뇌염구　약인수념진여　불이방편종종훈수　역무득정, 이구무

量遍一切法故　修一切善行　以爲對治, 若人修行一切善法　自然歸
량변일체법고　수일체선행　이위대치, 약인수행일체선법　자연귀

順眞如法故.
순진여법고.

---

1) 마니보(摩尼寶) : 마니(摩尼)는 범어 maṇi 의 음역, 주(珠) 보주(寶珠) 마니보(摩尼寶)라고도 하며, 주옥(珠玉)의 총칭이다.

답한다. 비유하면 대마니보(大摩尼寶)가 체성(體性)이 명정(明淨)하나 광예(鑛穢)의 때가 있어 만약 사람이 비록 보배의 체성(體性)을 생각하나 방편으로 갖가지로 갈고 다스리지 않으면 종래 깨끗함을 얻을 수 없는 것과 같다. 이와 같아 중생의 진여(眞如)의 법(法)도 체성(體性)이 공정(空淨)하나 무량한 번뇌의 물든 때가 있어 만약 사람이 비록 진여를 생각하더라도 방편으로 갖가지로 훈수(熏修)하지 않으면 또한 깨끗함을 얻을 수 없음이라, 때가 한량이 없어 일체법(一切法)에 두루 하는 까닭으로 온갖 선행(善行)을 닦아 대치(對治)함이니, 만약 사람이 일체(一切)의 선법(善法)을 수행하면 자연히 진여법(眞如法)에 귀순(歸順)하기 때문이다.

3) 진여(眞如)에 귀순(歸順)하는 방편

略說方便 有四種 云何爲四.
약설방편 유사종 운하위사.

(1) 행근본방편(行根本方便)

一者 行根本方便, 謂 觀一切法 自性無生 離於妄見 不住生死,
일자 행근본방편, 위 관일체법 자성무생 이어망견 부주생사,

觀一切法 因緣和合 業果不失 起於大悲 修諸福德 攝化衆生 不住
관일체법 인연화합 업과불실 기어대비 수제복덕 섭화중생 부주

涅槃, 以隨順法性無住故.[1]
열반, 이수순법성무주고.

---

1) 본체적(本體的)으로 보아 제법(諸法)의 자성(自性)이 본래 생멸(生滅)이 없음을 알아 생사(生死)에도 머물지 않고, 현상적(現象的)으로 보아 제법(諸法)이 인연 따라 이루어져 업과(業果)가 없어지지 않음을 알아 대비(大悲)로 중생을 교화하여 열반(涅槃)에도 머물지 않으니, 법성(法性)이 무주(無住) 즉 머물이 없음을 따르는 것으로 이를 행근본방편(行根本方便)이라고 한 것이다. 전반적으론 방편의 근본에 관한 것이라고 볼 수 있다.

3) 진여(眞如)에 귀순(歸順)하는 방편

방편(方便)을 간략히 설하면 네 가지가 있으니 어떠한 것이 네 가지인가.

(1) 행근본방편(行根本方便)

첫째는 행근본방편(行根本方便)이니, 일체법(一切法)이 자성(自性)이 무생(無生)임을 관(觀)하여 망견(妄見)을 떠나 생사(生死)에 머물지 아니하고, 일체법(一切法)이 인연으로 화합하여 업과(業果)를 잃지 않음을 관하여 대비(大悲)를 일으켜 온갖 복덕(福德)을 닦아 중생을 섭화(攝化)하여 열반(涅槃)에 머물지 아니함을 말하는 것이니, 법성(法性)의 머묾이 없음을 수순(隨順)하기 때문이다.

(2) 능지방편(能止方便)

二者 能止方便, 謂 慚愧[1]悔過 能止一切惡法 不令增長, 以隨順
이자 능지방편, 위 참괴 회과 능지일체악법 불령증장, 이수순

法性離諸過故.[2]
법성리제과고.

(3) 발기선근증장방편(發起善根增長方便)

三者 發起善根增長方便, 謂 勤供養禮拜三寶 讚歎隨喜 勸請諸
삼자 발기선근증장방편, 위 근공양예배삼보 찬탄수희 권청제

佛 以愛敬三寶淳厚心故 信得增長 乃能志求無上之道 又因佛法
불 이애경삼보순후심고 신득증장 내능지구무상지도 우인불법

僧力所護故 能消業障 善根不退, 以隨順法性離癡障故.[3]
승력소호고 능소업장 선근불퇴, 이수순법성리치장고.

---

1) 참괴(慚愧) : 자신에게 부끄러워하는 것을 참(慚), 남에게 부끄러워하
는 것을 괴(愧)라고 한다.
2) 과거의 잘못을 부끄러워하고 뉘우쳐 악업(惡業)을 더 이상 짓지 않는
것이니, 제법(諸法)의 본성(本性)이 온갖 허물을 떠나 있음을 따르는 것으
로 이를 능지방편(能止方便)이라고 하였다. 전반적으론 단덕(斷德)에 관한
것이라고 볼 수 있다.

(2) 능지방편(能止方便)

둘째는 능지방편(能止方便)이니. 참괴(慚愧)하고 허물을 뉘우쳐 일체(一切)의 악업(惡業)을 능히 그치고 증장(增長)하지 않게 함을 말하는 것이니, 법성(法性)의 온갖 허물 여읜 것을 수순(隨順)하기 때문이다.

(3) 발기선근증장방편(發起善根增長方便)

셋째는 발기선근증장방편(發起善根增長方便)이니, 부지런히 삼보(三寶)를 공양(供養) 예배(禮拜)하고 찬탄(讚歎)하고 수희(隨喜)하며 제불(諸佛)께 권청(勸請)하니 삼보(三寶)를 애경(愛敬)하는 순후(淳厚)한 마음이기 때문에 믿음이 증장하여 이에 능히 무상(無上)의 도(道)를 지구(志求)하고 또한 불(佛)·법(法)·승(僧)의 힘에 보호되기 때문에 능히 업장(業障)을 소멸(消滅)하고 선근(善根)이 불퇴(不退)함을 말하는 것이니, 법성(法性)의 치장(癡障) 여읨을 수순(隨順)하기 때문이다.

---

3) 삼보(三寶)를 공양(供養) 예배(禮拜)하고 찬탄(讚歎) 수희(隨喜)하며 제불(諸佛)께 권청(勸請)을 하는 등으로 믿음이 증장하여 무상(無上)의 도(道)를 구하며 삼보(三寶)에 보호되어 업장(業障)을 소멸하고 선근(善根)이 불퇴(不退)하는 것으로, 이는 법성(法性)이 치장(癡障)을 여읨을 따르기 때문이라 한 것으로 이를 발기선근증장방편(發起善根增長方便)이라고 하였다. 전반적으론 지덕(智德)에 관한 것이라 볼 수 있다.

(4) 대원평등방편(大願平等方便)

四者 大願平等方便, 所謂 發願 盡於未來 化度一切衆生 使無有
사자 대원평등방편, 소위 발원 진어미래 화도일체중생 사무유

餘 皆令究竟無餘涅槃, 以隨順法性無斷絶故, 法性廣大 遍一切衆
여 개령구경무여열반, 이수순법성무단절고, 법성광대 변일체중

生 平等無二 不念彼此 究竟寂滅故.[1]
생 평등무이 불념피차 구경적멸고.

---

1) 중생을 다 화도(化度)하여 생사(生死)에도 열반(涅槃)에도 그 어떤 것에도 머물지 않는 자재(自在)한 경지인 무여열반(無餘涅槃)에 들게 하니 이는 법성(法性)의 단절(斷絶) 없음을 따르기 때문이라 한 것으로 이를 대원평등방편(大願平等方便)이라 하였다. 전반적으론 비덕(悲德)에 관한 것이라고 볼 수 있다.

(4) 대원평등방편(大願平等方便)

넷째는 대원평등방편(大願平等方便)이니, 소위 발원(發願)하여 미래가 다하도록 일체의 중생을 화도(化度)하여 남음이 없게 하고 모두 무여열반(無餘涅槃)을 구경(究竟)하게 하는 것이라, 법성(法性)에 단절(斷絶)됨이 없음을 수순(隨順)하기 때문이며, 법성(法性)이 광대(廣大)하여 일체의 중생에게 두루 하여 평등하고 무이(無二)하여 피차(彼此)를 생각하지 않아 <번뇌가 모두 사라진> 적멸(寂滅)을 구경(究竟)하기 때문이다.

방편	법성(法性)과의 관계	발심(發心)과의 관계	덕(德)
행근본방편 (行根本方便)	법성(法性)의 무주(無住)를 따름	직심 (直心)	근본 (根本)
능지방편 (能止方便)	법성(法性)의 과악(過惡) 여읨을 따름	심심 (深心)	단덕 (斷德)
발기선근증장방편 (發起善根增長方便)	법성(法性)의 치장(癡障) 여읨을 따름	심심 (深心)	지덕 (智德)
대원평등방편 (大願平等方便)	법성(法性)의 단절(斷絶) 없음을 따름	대비심 (大悲心)	비덕 (悲德)

4) 발심(發心)의 이익

菩薩 發是心故 則得少分見於法身. 以見法身故 隨其願力 能現
보살 발시심고 즉득소분견어법신. 이견법신고 수기원력 능현

八種 利益衆生, 所謂 從兜率天退 入胎 住胎 出胎 出家 成道 轉
팔종 이익중생, 소위 종도솔천퇴 입태 주태 출태 출가 성도 전

法輪 入於涅槃. 然是菩薩 未名法身 以其過去無量世來 有漏之業
법륜 입어열반. 연시보살 미명법신 이기과거무량세래 유루지업

未能決斷 隨其所生 與微苦相應 亦非業繫 以有大願自在力故.[1]
미능결단 수기소생 여미고상응 역비업계 이유대원자재력고.

如修多羅中 或說有退墮惡趣者 非其實退 但爲初學菩薩未入正位[2]
여수다라중 혹설유퇴타악취자 비기실퇴 단위초학보살미입정위

而懈怠者 恐怖 令使勇猛故.[3]
이해태자 공포 영사용맹고.

---

1) 직심(直心) 심심(深心) 대비심(大悲心)을 일으킨 보살은 비량(比量)하여 소분(少分)이나마 법신(法身)을 볼 수 있어 원력(願力)에 따라 팔상(八相)을 나타낼 수 있지만, 과거의 업(業)을 완전히 결단치 못해 미소(微少)한 고(苦)가 따르므로 아직 법신(法身)이라고 할 수 없으나 그렇다고 이에 결박되어 있는 것도 아니니 대원(大願)에 따른 자재력(自在力)이 있기 때문이라는 것이다.

원효스님은 '십신위(十信位) 중에서 신심(信心)을 수습(修習)하여 결정(決定)의 마음을 내 곧 십주(十住)에 드므로 신성취발심(信成就發心)이라 한다'

4) 발심(發心)의 이익(利益)

보살(菩薩)은 이 마음을 내기 때문에 곧 소분(少分)이나마 법신(法身)을 본다. 법신(法身)을 보기 때문에 그 원력(願力)을 따라 능히 여덟 가지를 나타내어 중생을 이롭게 하니, 소위 도솔천(兜率天)에서 내려옴·태(胎)에 듦·태(胎)에 머물·태(胎)에서 나옴·출가(出家)·성도(成道)·법륜(法輪)을 굴림·열반(涅槃)에 듦이다. 하지만 이 보살은 아직 법신(法身)이라고 하지는 않는데 그 과거 무량한 세상으로부터의 유루(有漏)의 업(業)을 아직 결단(決斷)하지 못하여 태어나는 바를 따라 미세한 괴로움과 상응(相應)하나 또한 업(業)에 얽매임은 아니니 대원(大願)의 자재(自在)한 힘이 있기 때문이다.

수다라(修多羅) 중에 혹 악취(惡趣)에 물러나 떨어지는 이가 있다고 설한 바와 같은 것은 그것은 실로 물러남이 아니요 단지 초학(初學)의 보살로서 아직 <본격적으로 수행을 할 만한 바른 지위(地位)인> 정위(正位)에 들지 못하고 게으른 자에게 <악취에 떨어짐을> 두렵게 하여 용맹하게 하기 위한 까닭이다.

고 하여 이 신성취발심(信成就發心)을 십신(十信) 십주(十住)의 위(位)에 있는 보살의 경우로 보았다.
 2) 정위(正位) : 십주위(十住位)의 초주(初住)인 초발심주(初發心住)에서 불퇴(不退)의 신심(信心)을 얻는다고 하였으니, 초발심주(初發心住)를 말한 것으로 보아도 될 것이다.
 3) 경(經)에 이런 보살이 악취(惡趣)에 떨어질 수 있다고 한 것은 방편(方便)이라는 것이다.

又是菩薩 一發心後 遠離怯弱 畢竟不畏墮二乘地, 若聞無量無邊阿
우시보살 일발심후 원리겁약 필경불외타이승지, 약문무량무변아

僧祇[1]劫 勤苦難行 乃得涅槃 亦不怯弱, 以信知一切法從本以來自
승기 겁 근고난행 내득열반 역불겁약, 이신지일체법종본이래자

涅槃故.[2]
열반고.

---

1) 아승기(阿僧祇) : 범어 asaṃkhya 의 음역, 산수로 표현할 수 없는 수 (數)를 나타내는 말 중의 하나이다.

또 이 보살은 한번 발심(發心)한 후에는 겁약(怯弱)을 멀리 여의고 필경엔 <성문(聲聞) 연각(緣覺)의> 이승(二乘)의 지위(地位)에 떨어짐을 두려워하지도 않으며, 만약 무량무변(無量無邊)한 아승기겁(阿僧祇劫)에 근고난행(勤苦難行)하여 이에 열반(涅槃)을 얻는다는 것을 들어도 또한 겁약(怯弱)하지 않으니, 일체법(一切法)이 본래부터 스스로 열반임을 믿어 아는 까닭이다.

---

2) 일체법(一切法)의 본체(本體)가 진여(眞如)이니 그대로 열반임을 믿고 안다는 것이다.

3. 해행발심(解行發心)

解行發心者, 當知, 轉勝 以是菩薩 從初正信已來 於第一阿僧祇
해행발심자, 당지, 전승 이시보살 종초정신이래 어제일아승기

劫[1] 將欲滿故 於眞如法中 深解現前 所修離相,
겁   장욕만고 어진여법중 심해현전 소수리상,

以知法性體無慳貪故 隨順修行檀波羅蜜,
이지법성체무간탐고 수순수행단바라밀,

以知法性無染 離五欲過故 隨順修行尸波羅蜜,
이지법성무염 이오욕과고 수순수행시바라밀,

以知法性無苦 離瞋惱故 隨順修行羼提波羅蜜,
이지법성무고 이진뇌고 수순수행찬제바라밀,

---

1) 제일아승기겁(第一阿僧祇劫) : 이에선 초지(初地)에 이르기까지의 수행의 기간을 말한다. 부처님께서는 발심(發心)부터 성도(成道)까지 삼아승기겁(三阿僧祇劫)에 걸쳐 수행을 하셨다고 한다.

* 단바라밀(壇波羅蜜)~반야바라밀(般若波羅蜜) : 육바라밀(六波羅蜜)의 음역이다.
　단(壇 dāna) : 보시(布施)
　시(尸 śīla) : 지계(持戒)
　찬제(羼提 kṣānti) : 인욕(忍辱)
　비리야(毘梨耶 vīrya) : 정진(精進)
　선(禪 dhyāna) : 선정(禪定)

3. 해행발심(解行發心)

해행발심(解行發心)이란, 마땅히 알지니, <앞의 신성취발심(信成就發心)보다> 더욱 수승하여 이 보살은 처음 정신(正信)의 <지위(地位)로부터> 제일아승기겁(第一阿僧祇劫)을 장차 만족하고자 하기 때문에 진여법(眞如法) 중에 깊은 이해가 현전(現前)하여 닦는 바가 상(相)을 여의니,

법성(法性)의 체(體)에 간탐(慳貪)이 없음을 알기 때문에 <이를> 수순(隨順)하여 단바라밀(檀波羅蜜)을 수행하고,

법성(法性)에 물듦이 없고 오욕(五欲)의 허물을 떠나 있음을 알기 때문에 <이를> 수순하여 시바라밀(尸波羅蜜)을 수행하며,

법성(法性)에 괴로움이 없어 진뇌(瞋惱)를 떠나 있음을 알기 때문에 <이를> 수순하여 찬제바라밀(羼提波羅蜜)을 수행하며,

---

반야(般若 prajñā) : 혜(慧) 명(明) 지혜(智慧) 등으로 번역하나 지(智 jñāna)와 구별한다. 대체적으로 반야(般若 prajñā)는 만법(萬法)의 실상(實相)에 계합(契合)하는 최상(最上)의 지혜 즉 성불(成佛)의 지혜를 말하고, 지(智 jñāna)는 사상(事象) 도리(道理)에 대해 시비(是非) 정사(正邪) 등을 분별 판단하는 것을 말한다.

바라밀(波羅蜜 pāramitā)은 합성어이니 그 용례를 보면 불(佛)에는 완성의 뜻으로 수행 중인 보살의 경우에는 완성을 향한 수행방법의 뜻으로 쓴다. 반야바라밀(般若波羅蜜)이 근본이 되어야만 보시(布施) 지계(持戒) 등의 덕목이 바라밀이 된다.

以知法性無身心相 離懈怠故 隨順修行毘梨耶波羅蜜,
이지법성무신심상 이해태고 수순수행비리야바라밀,

以知法性常定 體無亂故 隨順修行禪波羅蜜,
이지법성상정 체무란고 수순수행선바라밀,

以知法性體明 離無明故 隨順修行般若波羅蜜.[1]
이지법성체명 이무명고 수순수행반야바라밀.

---

1) 원효스님은 '십행위(十行位) 중에서 능히 법공(法空)을 알아 법계(法界)에 수순(隨順)하여 육도(六度)의 행(行)을 닦으니 육도(六度)의 행(行)이 순숙(純熟)해지면 회향심(廻向心)을 내 십회향위(十廻向位)에 들기 때문에 해행발심(解行發心)이라 한다'고 하여 해행발심(解行發心)을 십신(十信) 십주(十住)를 지난 십행(十行) 십회향(十廻向)의 위(位)에서의 발심(發心)으로 보았는데, 이에선 법성(法性)을 알아 육바라밀(六波羅蜜)을 수행해 가는 것이라고 하였다. 육도(六度)는 육바라밀(六波羅蜜)을 말한다.

법성(法性)에 신심(身心)의 상(相)이 없어 게으름을 떠나 있음을 알기 때문에 <이를> 수순하여 비리야바라밀(毘梨耶波羅蜜)을 수행하며,

법성(法性)이 항상 안정되어 체(體)에 산란함이 없음을 알기 때문에 <이를> 수순하여 선바라밀(禪波羅蜜)을 수행하며,

법성(法性)의 체(體)가 밝아 무명(無明)을 떠나 있음을 알기 때문에 <이를> 수순하여 반야바라밀(般若波羅蜜)을 수행한다.

육바라밀	법성(法性)과의 관계
보시바라밀	법성(法性)의 체(體)에 간탐(慳貪)이 없음을 따라 수행
지계바라밀	법성(法性)에 물듦이 없고 오욕(五欲)의 허물을 떠나 있음을 따라 수행
인욕바라밀	법성(法性)에 괴로움이 없어 진뇌(瞋惱)를 떠나 있음을 따라 수행
정진바라밀	법성(法性)에 신심(身心)의 상(相)이 없어 게으름을 떠나 있음을 따라 수행
선정바라밀	법성(法性)이 항상 안정되어 체(體)에 산란함이 없음을 따라 수행
반야바라밀	법성(法性)의 체(體)가 밝아 무명(無明)을 떠나 있음을 따라 수행

4. 증발심(證發心)

1) 발심(發心)의 인연(因緣)

證發心者 從淨心地 乃至菩薩究竟地 證何境界.[1]
증발심자 종정심지 내지보살구경지 증하경계.

所謂 眞如, 以依轉識 說爲境界, 而此證者 無有境界 唯眞如智
소위 진여, 이의전식 설위경계, 이차증자 무유경계 유진여지

名爲法身.[2]
명위법신.

是菩薩 於一念頃 能至十方無餘世界 供養諸佛 請轉法輪.[3]
시보살 어일념경 능지시방무여세계 공양제불 청전법륜.

---

1) 증발심(證發心)이란 진여를 증득(證得)해 가는 정심지(淨心地) 즉 초지(初地)인 환희지(歡喜地)로부터 제십지(第十地)인 법운지(法雲地)까지 십지위(十地位)에 있는 보살들의 발심(發心)을 말한다. 원효스님은 이에 대해 '법신(法身)을 증득(證得)하여 진심(眞心)을 내는 것이다'라고 하였다.
2) 앞에선 진여를 안다고 하여도 바로 증득하는 것이 아니라 업식(業識)에 의한 전식(轉識) 즉 능견상(能見相)이 있어 이에 의하여 비량(比量)해 아는 것이므로 진여가 증득하여야 할 대상경계가 되어있었다. 하지만 이에선 진여를 바로 증득하니 이 상태에선 진여가 대상경계로 있는 것이 아니라 진여와 하나가 된다. 이를 진여지(眞如智)라 하니, 이것을 바로 법신(法身)이라고 한다는 것이다.

4. 증발심(證發心)

1) 발심(發心)의 인연(因緣)

증발심(證發心)이란 정심지(淨心地)로부터 보살의 구경지(究竟地)에 이르기까지 어떠한 경계(境界)를 증득(證得)하는 것인가.

소위 진여(眞如)이니, 전식(轉識)에 의해 <진여를 깨달아야 할> 경계(境界)라고 설하나, 이를 증득(證得)한 이는 <진여와 일여(一如)가 되었기에 깨달아야 할 진여라는> 경계가 없어 오직 진여지(眞如智)뿐이라 법신(法身)이라고 한다.

이 보살은 일념경(一念頃)에 능히 시방(十方)의 모든 세계에 이르러 제불(諸佛)께 공양하고 법륜(法輪)을 굴리시길 청한다.

---

3) 진여(眞如)를 증득(證得)하게 되면 시방법계(十方法界)가 다 진여를 근본으로 하고 있기에 평등한 일법계(一法界)로 현전(現前)하여 아무런 장애가 없게 된다. 그렇기 때문에 진여를 증득한 보살들은 일념(一念)에 시방법계(十方法界)에 이를 수 있으며, 모든 부처님을 친견하고 공양할 수 있다. 또한 진여를 근본으로 하고 있으면서도 진여의 자리에 있지 못하고 무명(無明) 망심(妄心)으로 괴로움을 떠나지 못하고 있는 것이 중생이라 중생이 불쌍하게 보여 법륜(法輪)을 굴려주시길 청한다. 진여를 증득하게 되면 자신의 기능이 진여의 기능으로 바뀐다. 따라서 이에서 나타나는 기능은 진여를 증득하지 못한 이에겐 불가사의하게 보이기도 한다.

唯爲開導利益衆生 不依文字 或示超地速成正覺 以爲怯弱衆生故,
유위개도이익중생 불의문자 혹시초지속성정각 이위겁약중생고,

或說我於無量阿僧祇劫 當成佛道 以爲懈慢衆生故.
혹설아어무량아승기겁 당성불도 이위해만중생고.

能示如是無數方便不可思議 而實菩薩 種性根等 發心則等 所證亦
능시여시무수방편불가사의 이실보살 종성근등 발심즉등 소증역

等 無有超過之法[1] 以一切菩薩 皆經三阿僧祇劫[2]故.
등 무유초과지법 이일체보살 개경삼아승기겁 고.

但隨衆生世界不同 所見所聞 根欲性異 故示所行 亦有差別.
단수중생세계부동 소견소문 근욕성이 고시소행 역유차별.

---

1) 종성근등 발심즉등 소증역등 무유초과지법(種性根等 發心則等 所證亦等 無有超過之法) : 종성(種性)과 근기(根機)가 같다고 한 것은 보살들은 모두 보살로서의 소질(素質)을 가지고 있기 때문에 이른 말이고, 발심(發心)이 같다고 한 것은 보살들은 처음 마음을 낼 때 다 같이 불(佛)의 깨달음인 아뇩다라삼먁삼보리(阿耨多羅三藐三菩提 Anuttarasamyaksaṃbodhi)를 얻으려는 마음을 내기 때문에 이른 말이며, 소증(所證) 즉 깨닫는 바가 같다고 한 것은 보살들은 모두 아집(我執)과 법집(法執)을 떠나 진여(眞如)를 증득하기 때문에 이른 말이며, 초과(超過)의 법(法)이 없다고 한 것은 보살들은 누구나 같아 이들을 특별히 뛰어넘는 법이 없기 때문에 이른 말이다.

오로지 중생을 개도(開導)하여 이롭게 하기 위하여 문자(文字)에 의하지 아니하고 혹은 십지(十地)를 초월하여 속히 정각(正覺)을 이룸을 보이기도 하니 <이렇게 하는 것은> 겁약(怯弱)한 중생을 위한 까닭이고, 혹은 내가 무량(無量)한 아승기겁(阿僧祇劫)에 마땅히 불도(佛道)를 이룬다고 설하기도 하니 <이렇게 하는 것은> 게으르고 교만한 중생을 위한 까닭이다.

능히 이와 같은 무수(無數)한 방편(方便)을 보이는 것이 불가사의(不可思議)하나 실로 보살은 종성(種性)과 근기(根機)가 같으며 발심(發心)도 곧 같으며 증득하는 바도 또한 같기에 <이것을> 초과(超過)하는 법이 없으니 모든 보살이 다 삼아승기겁(三阿僧祇劫)을 지내기 때문이다.

단지 중생의 세계가 같지 아니하고 <중생들의> 보는 바와 듣는 바와 그리고 근기(根機)와 욕망(欲望)과 성품(性品)이 다름이라 <이들을 따르기> 때문에 행하는 바를 보임에도 또한 차별이 있을 뿐이다.

---

2) 삼아승기겁(三阿僧祇劫) : 보살이 발심수행(發心修行)하여 불과(佛果)에 이르기까지의 수행기간을 말한다. 보살의 수행위계로 보아 십신(十信) 십주(十住) 십행(十行) 십회향(十廻向)의 위(位)를 제일아승기겁(第一阿僧祇劫)이라고 하고, 십지위(十地位) 중 초지(初地)부터 제칠지(第七地)까지를 제이아승기겁(第二阿僧祇劫)이라고 하며, 제팔지(第八地)에서 제십지(第十地)까지를 제삼아승기겁(第三阿僧祇劫)이라고 한다. 제십지(第十地)를 지나면 불과(佛果)이다. 이런 삼아승기겁(三阿僧祇劫)의 설(說)은 방편(方便)이라 시간의 길이는 문제가 되지 않는다고 한다.

2) 발심(發心)의 상(相)과 공덕(功德)의 상(相)

又是菩薩 發心相者 有三種心微細之相 云何爲三.
우시보살 발심상자 유삼종심미세지상 운하위삼.

一者 眞心 無分別故, 二者 方便心 自然遍行 利益衆生故, 三者
일자 진심 무분별고, 이자 방편심 자연변행 이익중생고, 삼자

業識心 微細起滅故.[1]
업식심 미세기멸고.

又是菩薩 功德成滿 於色究竟處 示一切世間最高大身[2] 謂 以一
우시보살 공덕성만 어색구경처 시일체세간최고대신   위 이일

念相應慧 無明頓盡 名一切種智 自然而有不思議業 能現十方 利
념상응혜 무명돈진 명일체종지 자연이유부사의업 능현시방 이

益衆生.[3]
익중생.

---

1) 첫째의 진심(眞心)은 무분별(無分別)이라고 하였으니 무분별지(無分別智) 즉 근본지(根本智)인 실지(實智)를 뜻하고, 둘째의 방편심(方便心)은 중생을 이롭게 함이라 하였으니 후득지(後得智)인 권지(權智)를 뜻한다. 셋째의 업식심(業識心)에 대해 원효스님은 '무분별지와 후득지가 의거하는 아리야식(阿梨耶識)으로 전식(轉識)과 현식(現識)이 있으나 삼세(三細) 중의 근본인 업식(業識)만을 든 것이며 이것은 법신보살의 발심(發心)의 덕(德)은 아니나 앞의 이지(二智)가 일어날 때 <아직은 무명업식(無明業識)이 다하지 아니하여> 미세하게 기멸(起滅)하는 누(累)가 있음을 밝혀 불지(佛地)의 순정(純淨)한 덕(德)과 같지 않음을 밝힌 것이다'고 하였다.

2) 발심(發心)의 상(相)과 공덕(功德)의 상(相)

또 이 보살의 발심(發心)의 상(相)이란 것에는 세 가지 마음의 미세한 상(相)이 있으니 어떠한 것이 세 가지인가.

첫째는 진심(眞心)이니 분별이 없기 때문이며, 둘째는 방편심(方便心)이니 자연히 두루 행하여 중생을 이롭기 때문이며, 셋째는 업식심(業識心)이니 미세하게 기멸(起滅)하기 때문이다.

또 이 보살은 공덕(功德)이 성만(成滿)하여 색구경처(色究竟處)에서 일체 세간의 최고 큰 몸을 보이니, 일념(一念) 상응(相應)의 혜(慧)로써 무명(無明)이 문득 다한 것을 일체종지(一切種智)라고 함이라 자연히 부사의(不思議)한 업(業)이 있어 능히 시방(十方)에 나타나 중생을 이롭게 하는 것을 말한다.

---

2) 제십지(第十地)의 보살은 색계(色界) 중 최고하늘인 제사선천(第四禪天) 즉 색구경천(色究竟天)에서 성도(成道)한다고도 하니, 이는 곧 보신(報身)으로 가장 큰 몸이 되는데 스스로에게는 자수용신(自受用身)이 되고 일체의 세간에 보이니 이 면에서는 타수용신(他受用身)이 된다.

3) 시각(始覺)의 일심(一心)이 구경(究竟)에 이르러 본각(本覺)과 상응(相應)하는 지혜로 무명(無明)이 문득 다해 버리면 일체종지(一切種智)라 시방(十方)에서 중생을 이롭게 한다는 것이다. 일체종지(一切種智)는 일반적으로 모든 사물에 대해 평등의 견지에서 다시 차별의 모습을 아는 불(佛)의 지혜를 이르는 말이다.

3) 일체종지(一切種智)에 대한 문답

問曰. 虛空無邊故 世界無邊, 世界無邊故 衆生無邊, 衆生無邊故
문왈. 허공무변고 세계무변, 세계무변고 중생무변, 중생무변고

心行差別 亦復無邊, 如是境界 不可分齊 難知難解, 若無明斷 無
심행차별 역부무변, 여시경계 불가분제 난지난해, 약무명단 무

有心想 云何能了 名一切種智.[1]
유심상 운하능료 명일체종지

答曰. 一切境界 本來一心 離於想念 以衆生妄見境界故 心有分
답왈. 일체경계 본래일심 이어상념 이중생망견경계고 심유분

齊 以妄起想念 不稱法性故 不能決了, 諸佛如來 離於見想 無所
제 이망기상념 불칭법성고 불능결료, 제불여래 이어견상 무소

不遍 心眞實故 卽是諸法之性 自體顯照一切妄法 有大智用 無量
불변 심진실고 즉시제법지성 자체현조일체망법 유대지용 무량

方便 隨諸衆生所應得解 皆能開示種種法義, 是故得名一切種智.[2]
방편 수제중생소응득해 개능개시종종법의, 시고득명일체종지.

---

1) 중생이 무변(無邊)하기에 그 심행(心行)의 차별도 또한 무변하여 이런 경계는 분류하기도 어렵고 알기도 어렵다. 그런데 무명(無明)이 끊기면 심상(心想)도 따라 끊김이라 심상(心想)이 끊기면 어떻게 이런 경계를 알 수 있기에 일체종지(一切種智)라고 부르는가 하는 점에 대한 의문이다.
2) 모든 경계는 본래 진여일심(眞如一心)을 떠나있는 것이 아니며, 그 일심(一心)은 망념(妄念)을 여읜 것이다. 하지만 중생은 망령되게 이런저런 경계를 보니

3) 일체종지(一切種智)에 대한 문답

묻는다. 허공이 무변(無邊)하기에 세계가 무변하고, 세계가 무변하기에 중생이 무변하고, 중생이 무변하기에 심행(心行)의 차별도 또한 무변하니, 이와 같은 경계는 분제(分齊)할 수 없어 알기도 어렵고 이해하기도 어렵다. 만약 무명(無明)을 끊으면 심상(心想)이 없으니 어떻게 <이런 경계를> 알 수 있기에 일체종지(一切種智)라고 하는가.

답한다. 일체(一切)의 경계(境界)가 본래 일심(一心)이라 <그 일심(一心)의 자리는> 상념(想念)을 여의었으나 중생이 망령되게 경계를 보기 때문에 마음에 분제(分齊)가 있고 망령되게 상념(想念)을 일으켜 법성(法性)에 칭합(稱合)하지 못하기 때문에 능히 결정코 알지 못하나, 제불여래(諸佛如來)께선 견상(見想)을 여의어 두루 하지 않는 바가 없으니 마음이 진실하기 때문이며 곧 이것이 제법(諸法)의 자성(自性)이라 자체(自體)가 일체(一切)의 망법(妄法)을 드러내 비추고 대지(大智)의 작용(作用)이 있어 무량한 방편으로 모든 중생이 응하여 알게 되는 바를 따라서 다 능히 갖가지의 법의(法義)를 개시(開示)하니, 이 까닭으로 일체종지(一切種智)라고 하는 것이다.

마음에 분제(分齊)가 있고 상념(想念)을 일으켜 모든 사물의 본성(本性)인 법성(法性)과 하나가 되지 못한다. 하지만 제불(諸佛)은 망령된 견상(見想)을 여의어 미치지 않는 곳이 없으며, 그 진실한 마음에 법성(法性)이 그대로 나타나 그릇되게 인식된 망법(妄法)이 드러난다. 그리고 이런 대지(大智)는 그 기능이 탁월하여 불가사의한 작용이 있어 무량한 방편으로 중생의 근기에 따라 갖가지 법의(法義)를 개시(開示)하니 이를 일체종지(一切種智)라고 한다는 것이다.

4) 세간(世間)에서 불(佛)을 보지 못함에 대한 문답

又問曰. 若諸佛 有自然業[1] 能現一切處 利益衆生者 一切衆生
우문왈. 약제불 유자연업 능현일체처 이익중생자 일체중생

若見其身 若覩神變 若聞其說 無不得利 云何世間 多不能見.[2]
약견기신 약도신변 약문기설 무불득리 운하세간 다불능견.

答曰. 諸佛如來 法身平等 遍一切處 無有作意[3]故 而說自然 但依
답왈. 제불여래 법신평등 변일체처 무유작의 고 이설자연 단의

衆生心現, 衆生心者 猶如於鏡 鏡若有垢 色像不現, 如是衆生 心
중생심현, 중생심자 유여어경 경약유구 색상불현, 여시중생 심

若有垢 法身不現故.[4]
약유구 법신불현고.

---

1) 자연업(自然業) : 의식적으로 하는 것이 아니라 저절로 나타나는 위대한 행위를 말한다.
2) 보신(報身)이니 응신(應身)이니 하는 직접적인 용어는 사용하고 있지 않지만, 이 물음은 제불법신(諸佛法身)의 작용인 보신(報身)과 응신(應身)이 모든 곳에 두루 하여 중생을 이롭게 한다면 어찌하여 그런 불(佛)을 보지 못하는 사람이 많은가에 대한 것이다.
3) 작의(作意) : 어떠한 일에 대해 의도적인 생각을 내는 것이다.
4) 법신(法身)이 모든 곳에 두루 하고 보신(報身)과 응신(應身)도 그러하지만 거울의 비유를 들어 중생의 마음에 때가 끼어 그런 불(佛)을 보지 못한다는 것이다. 이에서 '때'란 구체적인 설명이 없지만 불(佛)을 볼 수 없게 하는 장애요인으로 보면 될 것이다.

4) 세간(世間)에서 불(佛)을 보지 못함에 대한 문답

또 묻는다. 만약 제불(諸佛)에 자연업(自然業)이 있어 능히 일체처(一切處)에 나타나 중생을 이롭게 한다고 하면 일체의 중생이 그 몸을 보거나 신변(神變)을 보거나 그 설함을 들으면 이익을 얻지 않음이 없을 것인데 어찌하여 세간(世間)에서는 보지 못함이 많은가.

답한다. 제불여래(諸佛如來)의 법신(法身)이 평등하여 일체처(一切處)에 두루 하고 작의(作意)가 없는 까닭으로 자연(自然)이라고 설하나 단지 중생심(衆生心)에 의하여 나타나니, 중생심이란 마치 거울과 같아 거울에 때가 끼면 색상(色像)이 나타나지 않으니, 이와 같이 중생도 마음에 만약 때가 있으면 법신(法身)이 나타나지 않기 때문이다.

원효스님은 이에 '때<구(垢)>'라고 한 것은 번뇌를 말한다고 볼 수 없다고 하며, 불(佛)을 볼 수 있을만한 기(機)가 성숙(成熟)한 것을 무구(無垢)라 하고 장애가 있어 기(機)가 미숙(未熟)한 것을 유구(有垢)라 한다고 하고, 석존(釋尊) 당시 석존을 해치려 했던 조달(調達 Devadatta) 같은 사람은 번뇌가 있어도 불(佛)을 볼 수 있었다는 예를 들었다. 따라서 이 말은 불(佛)이 나타나지 않아 보지 못하는 것이 아니라 중생이 기(機)가 성숙치 못해 보지 못한다는 뜻으로 해석하는 것이 좋을 것 같다. 불(佛)을 보고 보지 못하고 하는 것은 불(佛)에 그 문제가 있는 것이 아니라 중생에게 그 문제가 있다는 것이다. 그리고 대답에서 법신(法身)만을 든 것에 대해선 <법신(法身)은 본질(本質)과 같고 화신(化身)은 영상(影像)과 같으니 지금은 능현(能現)의 본질(本質)에 의거하기 때문에 법신(法身)이 나타나지 않는다고 말하였다>고 하였다.

Ⅳ. 수행신심분(修行信心分)

已說解釋分, 次說修行信心分[1].
이설입의분, 차설수행신심분.

是中 依未入正定衆生故 說修行信心, 何等信心 云何修行.
시중 의미입정정중생고 설수행신심, 하등신심 운하수행.

一. 사신(四信)

略說信心 有四種 云何爲四.
약설신심 유사종 운하위사.

---

1) 수행신심분(修行信心分)은 아직 정정취(正定聚)에 들지 못한 중생들을 위해 설한 것이라고 하였다. 그런데 앞의 분별발취도상(分別發趣道相)에선 '부정취중생(不定聚衆生)'이라 하고 이에선 '아직 정정취(正定聚)에 들지 못한 중생(未入正定衆生)'이라 하여 그 표현이 좀 다르다. 원효스님은 부정취중생에게도 근기가 수승(殊勝)한 경우와 하열(下劣)한 경우가 있으니, 앞은 아직 정정취에 들지 못한 중생 중 비교적 근기가 수승한 경우를 위해 설한 것이고, 이는 근기가 하열한 경우를 위해 설한 것이라고 하였다. 물론 정정취의 중생이라면 이미 수행의 방법을 터득했다고 할 수 있으므로 따로 설하지 않은 것이라고 보면 될 것이다.

Ⅳ. 수행신심분(修行信心分)

이미 해석분(解釋分)을 설하였으니, 다음에는 수행신심분(修行信心分)을 설한다.

이 중에서는 정정취(正定聚)에 들지 못한 중생에 의하기 때문에 수행신심(修行信心)을 설하니, 어떠한 것들이 신심(信心)이고 어떻게 수행(修行)을 하는가.

一. 사신(四信)

신심(信心)을 간략히 설하면 네 가지가 있으니 어떠한 것이 네 가지인가.

부정취중생(不定聚衆生) 중에서 근기가 하열한 사람이 이에서 설하는 발심(發心)을 따라 근기가 향상되면 결국 앞의 분별발취도상(分別發趣道相)에 말한 신성취발심(信成就發心) 해행발심(解行發心) 증발심(證發心)의 세 가지 발심(發心)을 따라 수행을 하게 되니, 설하는 바가 서로 다른 것 같아도 그 내용은 하나로 귀결됨이라 그 도리는 같은 것이다.

1. 신근본(信根本)

一者 信根本, 所謂樂念眞如法故.[1]
일자 신근본, 소위락염진여법고.

2. 신불(信佛)

二者 信佛有無量功德, 常念親近供養恭敬 發起善根 願求一切智[2]
이자 신불유무량공덕, 상념친근공양공경 발기선근 원구일체지

故.[3]
고.

3. 신법(信法)

三者 信法有大利益, 常念修行諸波羅蜜故.[4]
삼자 신법유대이익, 상념수행제바라밀고.

---

1) 근본을 믿는다는 것을 진여법(眞如法)과 연관하여 말한 것은 진여는 모든 사물의 근원이요 제불(諸佛)의 본바탕이기 때문이다. 사신(四信)의 처음은 만법(萬法)의 근본인 진여(眞如)를 믿을 것을 말한 것이다.
2) 일체지(一切智) : 모든 것을 다 아는 지혜를 말하는데, 가장 뛰어난 지혜라는 뜻이다. 그런데 일체지(一切智)라고 하면 성문(聲聞) 연각(緣覺) 보살(菩薩) 불(佛)의 경우에 다 쓰나, 불(佛)의 일체지(一切智)는 그 중에서도 최상(最上)이므로 일체지지(一切智智)라고 한다. 따라서 이곳의 일체지(一切智)는 불(佛)의 일체지(一切智) 즉 일체지지(一切智智)로 보아야 할 것이다.

1. 신근본(信根本)

첫째는 근본(根本)을 믿는 것이니, 소위 진여법(眞如法)을 즐겨 생각하기 때문이다.

2. 신불(信佛)

둘째는 불(佛)께 한량없는 공덕이 있음을 믿는 것이니, 항상 친근(親近)하고 공양(供養)하고 공경(恭敬)하길 생각하여 선근(善根)을 발기(發起)하며 일체지(一切智)를 구하길 원하기 때문이다.

3. 신법(信法)

셋째는 법(法)에 큰 이익이 있음을 믿는 것이니, 항상 모든 바라밀(波羅蜜)을 수행(修行)하길 생각하기 때문이다.

---

3) 사신(四信)의 두 번째는 성불(成佛)과 연관하여 불(佛)을 믿을 것을 말한 것이다.
4) 사신(四信)의 세 번째는 보살의 대표적인 수행법인 바라밀행(波羅蜜行)을 하여 법(法)을 증득(證得)할 것과 연관하여 법(法)을 믿을 것을 말한 것이다.

4. 신승(信僧)

四者　信僧能正修行自利利他,　常樂親近諸菩薩衆　求學如實行
사자　신승능정수행자리이타,　상락친근제보살중　구학여실행

故.[1]
고.

---

1) 승(僧)은 범어 saṃgha 의 음역인 승가(僧伽)의 준말인데, 이는 단체를 뜻하는 말이기에 중(衆)이라 번역하고 불(佛)과 법(法)을 신봉하는 사람들이 모인 화합된 단체이므로 그 의미를 살려서 화합중(和合衆)이라고 번역하기도 한다. 하지만 대승에선 수행자의 호칭을 모두 보살(菩薩)이라 하였고, 보살의 집단인 경우는 *bodhisattvagaṇa* 라고 하였다. 따라서 이에서의 승(僧)은 보살중(菩薩衆)이란 말과 함께 쓰였으니 재가(在家) 출가(出家)를 막론한 보살들을 지칭하는 말로 보는 것이 타당할 것이다. 이 논(論)의 성격상 결코 비구승가(比丘僧伽 *bhikṣusaṃgha*) 비구니승가(比丘尼僧伽 *bhikṣunisaṃgha*)를 말한 것으로는 볼 수 없을 것이다.

4. 신승(信僧)

넷째는 승(僧)이 능히 바르게 수행하여 자리(自利) 이타(利他)함을 믿는 것이니, 항상 모든 보살중(菩薩衆)을 친근(親近)하길 즐겨 여실(如實)한 행(行)을 배우길 구하기 때문이다.

사신(四信)	
진여(眞如) [제법(諸法)의 근본] <제일 신(第一 信)>	불(佛) <제이 신(第二 信)>
^^	법(法) <제삼 신(第三 信)>
^^	승(僧) [보살중(菩薩衆)] <제사 신(第四 信)>

二. 오문(五門)

1. 총설(總說)

修行 有五門 能成此信,[1] 云何爲五.
수행 유오문 능성차신, 운하위오.

一者 施門, 二者 戒門, 三者 忍門, 四者 進門, 五者 止觀門.[2]
일자 시문, 이자 계문, 삼자 인문, 사자 진문, 오자 지관문,

---

1) 차신(此信) : 이 믿음이라고 한 것은 앞에 나온 진여(眞如) 불(佛) 법(法) 승(僧)에 대한 믿음인 사신(四信)을 말하는 것이다.
2) 사신(四信)을 성취하기 위한 수행(修行)의 오문(五門)은 시문(施門) 계문(戒門) 인문(忍門) 진문(進門) 지관문(止觀門)으로 나와 있다. 이것은 다섯 가지로 되어있지만, 내용으로 보면 보살(菩薩)의 대표적인 수행법인 육바라밀행(六波羅蜜行)이다. 그런데 앞의 분별발취도상(分別發趣道相)에선 육바라밀(六波羅蜜)을 그대로 말하였는데, 이에선 문(門)이라 하였으니 이것은 이 부분이 범부들의 수행에 관한 설명으로 바라밀(波羅蜜)에의 입문(入門) 정도를 말하고 있기 때문일 것이다. 다섯 번째의 지관문(止觀門)은 선정(禪定)과 반야(般若)를 함께 밝힌 것으로 본다. 어쨌든 이 다섯 가지가 사신(四信)을 이룬다고 하였으니, 실제는 행(行)이라 이것은 오행(五行)이 된다.

시문(施門)   - 보시바라밀(布施波羅蜜)
계문(戒門)   - 지계바라밀(持戒波羅蜜)
인문(忍門)   - 인욕바라밀(忍辱波羅蜜)
진문(進門)   - 정진바라밀(精進波羅蜜)
지관문(止觀門) - 선정바라밀(禪定波羅蜜) 반야바라밀(般若波羅蜜)

二. 오문(五門)

1. 총설(總說)

 수행(修行)에 오문(五門)이 있어 능히 이 믿음을 이루니, 어떠한 것이 다섯 가지인가.

 첫째는 시문(施門)이고, 둘째는 계문(戒門)이며, 셋째는 인문(忍門)이며, 넷째는 진문(進門)이며, 다섯째는 지관문(止觀門)이다.

 이에 믿음(信)을 이루는 것을 오문(五門)이라고 하여 행(行)을 말한 것은, 믿음이 있되 행(行)이 없으면 그런 믿음은 성숙되지 못하기에 성숙되지 못한 믿음은 어떤 외적(外的)인 계기를 만나면 흔들리거나 사라져버릴 수도 있으니, 실천수행(實踐修行)이 따라야만 믿음이 성숙될 수 있기 때문일 것이다.

 * 이에서 이렇게 육바라밀을 여섯 가지로 말하지 않고 다섯 가지로 줄여서 말하였기에, 결과적으로 이 대승기신론(大乘起信論)에서 말하고자 하는 주된 내용을 일심(一心) 이문(二門) 삼대(三大) 사신(四信) 오행(五行)으로 쉽게 기억할 수 있게 되었다.

2. 오문(五門)

1) 시문(施門)

云何修行施門.[1]
운하수행시문.

若見一切來求索者 所有財物 隨力施與 以自捨慳貪 令彼歡喜,[2]
약견일체래구색자 소유재물 수력시여 이자사간탐 영피환희,

若見厄難恐怖危逼 隨己堪任 施與無畏,[3] 若有衆生 來求法者 隨
약견액난공포위핍 수기감임 시여무외, 약유중생 내구법자 수

己能解 方便爲說 不應貪求名利恭敬, 唯念自利利他 廻向[4]菩提故.[5]
기능해 방편위설 불응탐구명리공경, 유념자리이타 회향 보리고.

---

1) 시문(施門)은 육바라밀(六波羅蜜) 중 보시바라밀(布施波羅蜜)에 대한 설명이다. 하지만 그 내용은 보시바라밀 자체에 대한 설명이라기보다는 보시바라밀로 들어가는 입문과정(入門過程)으로서의 설명으로 보인다. 문(門)이라고 한 것은 이런 뜻에서일 것이다. 다음에 나오는 계문(戒文) 인문(忍門) 등의 경우도 마찬가지이다.
2) 보시(布施) 중 재시(財施)의 경우를 말한 것이다. 이에선 보시를 하되 상대방을 환희하게 해야 한다는 말에 주의해 볼 필요가 있다. 물론 받는 사람의 마음가짐도 문제이겠지만, 준다고 해도 상대방이 달갑게 여기지 않거나 오히려 받지 않는 것보다 못하다는 생각을 일으키게 된다면 그런 것은 모양은 보시일지언정 내용으론 참된 보시라고 할 수 없기 때문이다.
3) 보시(布施) 중에서 상대방을 온갖 두려움에서 벗어나게 해주는 무외시(無畏施)의 경우를 말한 것이다.

2. 오문(五門)

1) 시문(施門)

어떻게 시문(施門)을 수행(修行)하는가.

만약 누구든지 와서 구하여 찾는 이를 보면 있는 재물을 힘에 따라 베풀어주되 스스로 간탐(慳貪)을 버림으로써 그를 환희하게 하며, 만약 액난(厄難) 공포(恐怖)와 위험 핍박 <당하는 것>을 보면 자기의 감임(堪任)할 바를 따라 <두려움이 없도록> 무외(無畏)를 베풀어주며, 만약 중생으로 와서 법을 구하는 이가 있으면 자기가 능히 아는 바를 따라 방편으로 설해주되 응당 명리(名利)나 공경(恭敬)<받게 되는 것>을 탐구(貪求)하지 말지니, 오로지 자리이타(自利利他)만을 생각하여 보리(菩提)에 회향(廻向)하기 때문이다.

---

4) 회향(廻向) : 회전취향(廻轉趣向)의 뜻이니, 자기가 닦은 선근(善根) 공덕(功德)을 자기의 불과(佛果)나 다른 중생에게 돌려 향하게 하는 것을 말한다. 회향(回向)이라고 쓰기도 한다.

5) 보시(布施) 중에서 법(法)을 베풀어주는 법시(法施)의 경우를 말한 것이다. 단 재물에 대해선 인색하면서 법을 설해준다고 하여 너그러운 척한다면 그것은 재시(財施)는 물론 법시(法施)도 되지 않을 것이다. 보시(布施)를 잘 하느냐 못 하느냐 하는 것은 양(量)에 관계된다고 하기보다는 마음에 관계된다고 하여야 할 것이다.

2) 계문(戒門)

云何修行戒門.[1]
운하수행계문.

所謂 不殺 不盜 不姪 不兩舌 不惡口 不妄言 不綺語 遠離貪嫉
소위 불살 불도 불음 불양설 불악구 불망언 불기어 원리탐질

欺詐諂曲瞋恚邪見.[2]
기사첨곡진에사견.

若出家者 爲折伏煩惱故 亦應遠離憒鬧 常處寂靜 修習少欲知足頭
약출가자 위절복번뇌고 역응원리궤뇨 상처적정 수습소욕지족두

陀[3]等行, 乃至小罪 心生怖畏 慚愧改悔 不得輕於如來所制禁戒[4]
타 등행, 내지소죄 심생포외 참괴개회 부득경어여래소제금계

當護譏嫌 不令衆生妄起過罪故.
당호기혐 불령중생망기과죄고.

---

1) 계문(戒門)은 육바라밀(六波羅蜜) 중 지계바라밀(持戒波羅蜜)에 대한 것인데 십선업(十善業)을 그 내용으로 하고 있다.
2) 불살 불도 불음 불양설 불악구 불망언 불기어 원리탐질기사첨곡진에사견(不殺 不盜 不姪 不兩舌 不惡口 不妄言 不綺語 遠離貪嫉欺詐諂曲瞋恚邪見) : 십선업(十善業)을 말한 것이다. 불살(不殺) 불도(不盜) 불음(不姪)은 신(身)의 삼업(三業), 불양설(不兩舌) 불악구(不惡口) 불망언(不妄言) 불기어(不綺語)는 구(口)의 사업(四業), 탐내고 질투하는 탐질(貪嫉)과 속이는 기사(欺詐)와 아첨하여 굽는 첨곡(諂曲)은 탐(貪)이요, 진에(瞋恚)는

2) 계문(戒門)

어떻게 계문(戒門)을 수행하는가.

소위 불살(不殺) 불도(不盜) 불음(不婬)과 불양설(不兩舌) 불악구(不惡口) 불망언(不妄言) 불기어(不綺語)와 탐질(貪嫉) 기사(欺詐) 첨곡(諂曲) 진에(瞋恚) 사견(邪見)을 멀리 여의는 것이다.

만약 출가자(出家者)라면 번뇌를 절복(折伏)하기 위한 까닭에 또한 응당 시끄러운 곳을 멀리 떠나 항상 고요한 곳에 처하여 욕심이 적고 만족을 아는 두타(頭陀) 등의 행(行)을 수습(修習)하며, 내지 조그만 죄(罪)라도 마음에 두려움을 내 자신과 남에게 부끄러워하고 고치고 뉘우쳐 여래(如來)께서 제정하신 금계(禁戒)를 가볍게 여기지 아니하며 마땅히 꾸짖음이나 혐의를 받지 않도록 두호(斗護)하여야 하니 중생들에게 <자신으로 인하여 남을 비방을 하게 되는> 허물과 죄를 망령되게 일으키지 않도록 하여야 하기 때문이다.

진(瞋)이요, 사견(邪見)은 치(癡)이니, 이들을 멀리 여읨은 탐(貪)·진(瞋)·치(癡)를 멀리 여의는 의(意)의 삼업(三業)이다.
 3) 두타(頭陀) : 범어 *dhūta* 의 음역, 수치(修治) 기제(棄除)라고 번역한다. 번뇌를 없애고 의(衣)·식(食)·주(住)에 탐하지 않으며 불법(佛法)을 수행하는 것을 말한다.
 4) 금계(禁戒) : 악업(惡業)을 금하도록 하는 계(戒)이니, 지악(止惡)의 계(戒)이다.

3) 인문(忍門)

云何修行忍門.[1]
운하수행인문.

所謂 應忍他人之惱 心不懷報[2] 亦當忍於利衰毀譽稱譏苦樂等法[3]
소위 응인타인지뇌 심불회보 역당인어리쇠훼예칭기고락등법

故.
고.

---

1) 인문(忍門)은 육바라밀(六波羅蜜) 중에서 인욕바라밀(忍辱波羅蜜)에 대한 것이다.
2) 응인타인지뇌 심불회보(應忍他人之惱 心不懷報): 타인(他人)으로부터 괴로움을 받아도 보복할 뜻을 품지 않아야 한다는 것이니, 타인으로부터의 괴로움에 동요하지 않음을 말한 것이다. 이런 인욕(忍辱)의 행(行)은 대항할 힘이 없어서 억지로 참거나 또는 체면상 어쩔 수 없어 참는 경우와는 다른 것이니, 자신에게 괴로움을 주는 사람을 오히려 불쌍하게 여겨 넓은 마음으로 받아들여야 하기 때문이다.
3) 이쇠훼예칭기고락등법(利衰毀譽稱譏苦樂等法): 참아야 할 것을 이쇠(利衰) 훼예(毀譽) 칭기(稱譏) 고락(苦樂)의 여덟 가지로 말하였으니, 이는 어떤 경우라도 마음이 움직이지 않도록 해야 함을 말한 것이다.
　이쇠(利衰): 재물 같은 것을 얻는 것을 이(利), 잃는 것을 쇠(衰).
　훼예(毀譽): 뒤에서 비방하는 것을 훼(毀), 뒤에서 칭찬하는 것을 예(譽).
　칭기(稱譏): 앞에서 칭찬하는 것을 칭(稱), 앞에서 비방하는 것을 기(譏).
　고락(苦樂): 괴롭게 받아들이는 것을 고(苦), 즐겁게 받아들이는 것을 낙(樂).

3) 인문(忍門)

어떻게 인문(忍門)을 수행하는가.

소위 응당 다른 사람으로부터의 괴로움을 참고 마음에 보복 <할 뜻>을 품지 않아야 하니, 또한 마땅히 이쇠(利衰) 훼예(毁譽) 칭기(稱譏) 고락(苦樂) 등의 법도 참아야 하기 때문이다.

이 중 이(利) 예(譽) 칭(稱) 낙(樂)의 네 가지는 순경(順境)을 말한 것이고, 쇠(衰) 훼(毁) 기(譏) 고(苦)의 네 가지는 역경(逆境)을 말한 것으로, 이들은 모두 사람의 마음을 흔드므로 이들을 합해 팔풍(八風)이라고도 한다. 결국 이 말은 순경(順境) 역경(逆境)을 막론하고 그 어느 것에도 결코 흔들림 없이 인욕(忍辱)을 행할 것을 말한 것이다. 사람이란 순경(順境)을 만나면 들뜨기 쉽고, 역경(逆境)을 만나면 가라앉기 쉽다. 하지만 불법(佛法)을 수행(修行)하는 보살이라면 이러한 순역(順逆)의 경계(境界)에 흔들림이 없어야 하니, 이에 이들을 들어 인욕바라밀(忍辱波羅蜜)에 대해 설명한 것이라고 볼 수 있다.

팔풍(八風)	이(利) 예(譽) 칭(稱) 낙(樂) -- 순경(順境)
	쇠(衰) 훼(毁) 기(譏) 고(苦) -- 역경(逆境)

4) 진문(進門)

云何修行進門.[1]
운하수행진문.

所謂 於諸善事 心不懈退 立志堅强 遠離怯弱, 當念過去久遠已來
소위 어제선사 심불해퇴 입지견강 원리겁약, 당념과거구원이래

虛受一切身心大苦 無有利益, 是故 應勤修諸功德 自利利他 速離
허수일체신심대고 무유이익, 시고 응근수제공덕 자리이타 속리

衆苦.
중고.

---

1) 진문(進門)은 육바라밀(六波羅蜜) 중 정진바라밀(精進波羅蜜)에 대한 것이다.

4) 진문(進門)

어떻게 진문(進門)을 수행하는가.

소위 온갖 좋은 일에 마음이 게으르거나 물러나지 않아 뜻을 세움에 굳고 강하여 겁약(怯弱)을 멀리 여의고, 마땅히 과거 구원이래(久遠已來)로 온갖 심신(心身)의 큰 괴로움을 헛되게 받아 이익이 없음을 생각하여, 이 까닭으로 응당 부지런히 온갖 공덕을 닦아 자리이타(自利利他)하여 여러 괴로움을 멀리 여의어야 하는 것이다.

復次 若人 雖修行信心 以從先世來 多有重罪惡業障故 爲邪魔[1]
부차 약인 수수행신심 이종선세래 다유중죄악업장고 위사마

諸鬼之所惱亂 或爲世間事務種種牽纏 或爲病苦所惱 有如是等衆
제귀지소뇌란 혹위세간사무종종견전 혹위병고소뇌 유여시등중

多障礙, 是故 應當勇猛精勤 晝夜六時[2] 禮拜諸佛, 誠心懺悔, 勸
다장애, 시고 응당용맹정근 주야육시 예배제불, 성심참회, 권

請, 隨喜, 廻向菩提,[3] 常不休廢, 得免諸障 善根增長故.
청, 수희, 회향보리, 상불휴폐, 득면제장 선근증장고.

---

1) 마(魔) : 범어 māra 의 음역인 마라(魔羅)의 준말로 장애자(障礙者) 살자(殺者) 악자(惡者) 등이라 번역하는데, 심신(心身)을 뇌란시켜 선법(善法)을 방해하고 깨트려 정법(正法)의 수행(修行)에 방해가 되는 모든 것을 말한다.

2) 주야육시(晝夜六時) : 일주야(一晝夜)를 여섯으로 나눈 것이니, 곧 신조(晨朝) 일중(日中) 일몰(日沒) 초야(初夜) 중야(中夜) 후야(後夜)이다.

또한 사람이 비록 신심(信心)을 수행(修行)하여도 선세(先世)로부터 무거운 죄악(罪惡)과 업장(業障)이 많이 있기 때문에 삿된 마(魔)와 여러 귀신들의 뇌란(惱亂)하는 바가 되고 혹은 세간의 일에 여러 가지로 끌리고 얽히며 혹은 병고(病苦)에 시달리는 바가 되니 이들과 같은 장애가 많음에, 이 까닭으로 응당 용맹하게 정근(精勤)하여 주야육시(晝夜六時)에 제불(諸佛)에 예배(禮拜)하고, 성심(誠心)으로 참회하고, 권청(勸請)하고, 수희(隨喜)하며, 보리(菩提)에 회향(廻向)하여, 항상 쉬거나 그만 두지 않아야 하니, 온갖 장애를 면하고 선근(善根)을 증장(增長)하기 때문이다.

---

3) 예배제불 성심참회 권청 수희 회향보리(禮拜諸佛 誠心懺悔 勸請 隨喜 廻向菩提) : 장애(障礙)를 제거하는 방편(方便)이다. 원효스님은 이를 제불(諸佛)에 예배(禮拜)하는 것은 온갖 장애를 없애는 방편의 총체적인 것이요, 참회(懺悔)는 온갖 악업(惡業)의 장애를 없애고, 권청(勸請)은 정법(正法)을 비방하는 장애를 없애며, 수희(隨喜)는 타인의 좋은 점을 질투하는 장애를 없애며, 보리(菩提)에 회향(廻向)함은 삼계(三界)에 즐겨 집착하는 장애를 없앤다고 하였다.

5) 지관문(止觀門)

(1) 총설(總說)

云何修行止觀門.[1]
운하수행지관문.

所言止者 謂止一切境界相, 隨順奢摩他觀義故.
소언지자 위지일체경계상, 수순사마타관의고.

所言觀者 謂分別因緣生滅相, 隨順毘鉢舍那觀義故.
소언관자 위분별인연생멸상, 수순비바사나관의고.

云何隨順, 以此二義 漸漸修習, 不相捨離 雙現前故.[2]
운하수순, 이차이의 점점수습, 불상사리 쌍현전고.

---

1) 지관문(止觀門)은, 지(止)는 선정바라밀(禪定波羅蜜), 관(觀)은 반야바라밀(般若波羅蜜)에 대해 말한 것으로 볼 수 있다. 지(止)와 관(觀)은 정(定)과 혜(慧)를 닦는 중요한 수행법이다. 수행의 지위(地位)에선 지관(止觀)이고, 결과로 나타날 때엔 정혜(定慧)가 된다. 지(止)는 śamatha 의 번역으로 사마타(奢摩他)라 음역하는데 정적(靜的)으로 망념(妄念)을 거두고 마음을 한 곳에 집중하는 것이요, 관(觀)은 vipaśyanā 의 번역으로 비바사나(毘鉢舍那) 비바사나(毘婆舍那) 등으로 음역하는데 동적(動的)으로 지혜를 내 만법(萬法)을 관조(觀照)하는 것이다. 그러나 이들은 서로 의지하고 도와 해탈에 이르는 중요한 길이 되므로 흔히 한꺼번에 말하여 지관(止觀)이라 한다.
2) 이에서는 지(止)를 일체(一切)의 경계상(境界相)을 그침이라 했으니 이것은 진여(眞如) 즉 본체계(本體界)의 관(觀)이라 할 수 있고, 관(觀)을

5) 지관문(止觀門)

(1) 총설(總說)

어떻게 지관문(止觀門)을 수행하는가.

이른 바 지(止)라는 것은 일체(一體)의 경계상(境界相)을 그침을 말하니, 사마타관(奢摩他觀)의 뜻을 수순(隨順)하기 때문이다.

이른 바 관(觀)이라는 것은 인연(因緣)의 생멸상(生滅相)을 분별함을 말하니, 비바사나관(毘鉢舍那觀)의 뜻을 수순(隨順)하기 때문이다.

어떻게 수순(隨順)하는가, 이 두 가지의 뜻으로 점점 수습(修習)하니, 서로 사리(捨離)하지 않으면 <지(止)와 관(觀)이> 쌍(雙)으로 현전(現前)하기 때문이다.

인연(因緣)의 생멸상(生滅相)을 분별함이라 했으니 이것은 제법(諸法)이 인연 따라 나타나는 생멸상 즉 현상계(現象界)의 관(觀)이라 할 수 있다. 따라서 이 두 가지는 하나로 회통(會通)될 수밖에 없다. 내용면에서 지(止)는 선정(禪定)과, 관(觀)은 반야(般若)와 같은데, 이에 지관(止觀)을 합해 하나의 문(門)으로 한 것은 이런 회통(會通)의 뜻에서라고 볼 수도 있을 것이다.
  <하지만 이에선 반야바라밀에 해당하는 직접적인 설명이 없다. 앞에서도 말했지만 이 부분은 시문(施門)이니 계문(戒門)이니 하여 범부로서 바라밀행(波羅蜜行)에 들어가는 입문과정 정도의 설명이므로, 모든 바라밀행의 근본인 반야바라밀에 대해선 그 직접적인 설명을 생략한 것으로 보기도 한다. 실제 뒤에 나오는 관(觀)의 설명은 반야바라밀에 대한 설명이라고 하기보다는 지(止)에 연관되어 이어진 설명으로 볼 수 있다.>

(2) 지문(止門)

① 지(止) 수행의 방법

若修止者 住於靜處 端坐正意,[1] 不依氣息 不依形色,[2] 不依於空
약수지자 주어정처 단좌정의,   불의기식 불의형색,   불의어공

不依地水火風,[3] 乃至不依見聞覺知.[4]
불의지수화풍,   내지불의견문각지.

---

1) 주어정처 단좌정의(住於靜處 端坐正意) : 고요한 곳<정처(靜處)>이란 것은 사람들로 인하여 시끄럽게 되지 않은 곳을 말한 것이고, 단정히 앉는다<단좌(端坐)>는 것은 몸을 바르게 조절하는 조신(調身)을 말한 것이고, 뜻을 바르게 한다<정의(正意)>는 것은 마음을 바르게 조절하는 조심(調心)을 말한 것이다.
2) 불의기식 불의형색(不依氣息 不依形色) : 기식(氣息)은 나고 드는 숨을 세어 마음을 통일하는 수식(數息)을 말하고 형색(形色)은 형체와 색상의 뜻으로 용모와 안색을 말하니, 이런 것들에게 의지하지 않는다는 것은 육신(肉身)에의 집착을 여읜다는 뜻이라고 보면 될 것이다.
3) 불의어공 불의지수화풍(不依於空 不依地水火風) : 이에서의 공(空)과 지수화풍(地水火風)은 세계의 구성요소로 설해지는 공대(空大)와 지(地)·수(水)·화(火)·풍(風) 사대(四大)와의 오대(五大)를 말하니, 이들에게 의지하지 않는다는 것은 세계(世界)에의 집착을 여읜다는 뜻으로 보면 될 것이다.
4) 불의견문각지(不依見聞覺知) : 견문각지(見聞覺知)란, 눈으로 보는 것을 견(見), 귀로 듣는 것을 문(聞), 코로 냄새 맡고 혀로 맛보고 몸으로 감촉하는 것을 각(覺), 마음으로 인식하는 것을 지(知)라 하여, 감각기관에 따른 인식작용을 한꺼번에 말하는 것이니, 이들에 의지하지 않는다는 것은 상념(想念)마저 버리는 것을 말한다.

(2) 지문(止門)

① 지(止) 수행의 방법

만약 지(止)를 닦는 이라면 고요한 곳에 머물러 단정히 앉아 뜻을 바르게 하고, 기식(氣息)에도 의지하지 않고 형색(形色)에도 의지하지 않으며, 공(空)에도 의지하지 않고 지(地)·수(水)·화(火)·풍(風)에도 의지하지 않으며, 내지 견문각지(見聞覺知)에도 의지하지 않는다.

---

* 원효스님은 '약수지자 주어정처 단좌정의(若修止者 住於靜處 端坐正意)' 이하를 구종주심(九種住心) 즉 아홉 가지의 마음가짐으로 풀었다.

① 불의기식(不依氣息)~내지불의견문각지(乃至不依見聞覺知) : 그 어떤 것에도 마음이 흔들리지 않도록 한다. <내주(內住). 내적(內的)으로 고요해 짐.>

② 일체제상 수념개제(一切諸想 隨念皆除) : 그러나 아직은 경계에의 집착이 남아있으니 그에 따른 이런저런 망상(妄想)을 없애도록 한다. <등주(等住). 평등하게 머묾.>

③ 역견제상(亦遣除想) : 없앴다는 생각도 없앤다. <안주(安住). 편안하게 머묾.>

④ 이일체법본래무상 염념불생염념불멸(以一切法本來無相 念念不生念念不滅) : 그리고는 어떤 사물도 집착할 바가 없기에 가까이 해야 할 것을 알아 외경(外境)에 마음이 머물지 않게 하고 마음을 안으로 집중시킨다. <근주(近住). 가까이 머묾.>

⑤ 역부득수심외념경계(亦不得隨心外念境界) : 또한 외경(外境)을 향하여 마음이 흐트러지지 않도록 한다. <조순(調順). 마음을 조절하여 순하게 함.>

⑥ 후이심제심(後以心除心) : 그리고는 외경(外境)에 대한 온갖 분별상(分別想)이 마음을 동요하게 함을 알아 이로써 동요하는 마음을 없앤다. <적정(寂靜). 고요해 짐.>

一切諸想　隨念皆除　亦遣除想.¹⁾　以一切法本來無相　念念不生念
일체제상　수념개제　역견제상.　　이일체법본래무상　염념불생염

念不滅²⁾ 亦不得隨心外念境界, 後以心除心.³⁾ 心若馳散　卽當攝來
념불멸　 역부득수심외념경계, 후이심제심.　 심약치산　즉당섭래

住於正念. 是正念者, 當知, 唯心　無外境界　卽復此心　亦無自相
주어정념. 시정념자, 당지, 유심　무외경계　즉부차심　역무자상

念念不可得.
염념불가득.

---

⑦ 심약치산(心若馳散)~염념불가득(念念不可得) : 그래도 마음이 밖으로 향해 흐트러지려 하면 다시 그 마음을 거둔다. <최극정(最極靜). 지극히 고요해 짐.>

⑧ 약종좌기(若從坐起)~기심득주(其心得住) : 그렇게 함으로 언제 어느 때나 지(止)를 지속하게 된다. <전주일취(專住一趣). 오로지 하나의 길에 머뭄.>

⑨ 이심주고(以心住故~소불능입(所不能入) : 이렇게 되면 점점 순숙(純熟)해져 진여삼매(眞如三昧)에 들 수 있다. <등지(等持). 한결같은 마음이 됨.>

일체(一切)의 모든 상념(想念)을 생각을 따라 모두 없애고 또한 없앴다는 생각도 버린다. 일체법(一切法)이 본래 상(相)이 없어 염념(念念)에 생기지도 않고 염념(念念)에 멸하지도 않음이라 또한 마음이 밖으로 경계를 생각하는 것을 따르지 말고, 그런 후에는 <지금까지 닦은 고요한> 마음으로 <산란한> 마음을 없앤다. <그럼에도 불구하고> 마음이 만약 <밖으로> 치달아 흘러지면 곧 마땅히 거두어들여 정념(正念)에 머물러야 한다. 이 정념(正念)이란 것은, 마땅히 알지니, 유심(唯心)이라 <본래> 바깥 경계가 없으며 곧 이 마음도 또한 자상(自相)이 없어 염념(念念)에 얻을 수 없는 것이다.

---

1) 일체제상 수념개제 역견제상(一切諸想 隨念皆除 亦遣除想) : 일체의 모든 상념(想念)을 생각을 따라 모두 없애고 또한 없앴다는 생각도 버려야 한다고 한 것은 이런저런 경계를 따라 내닫는 생각들을 생각나는 대로 없애되 그 없앴다는 생각마저도 버려야 한다는 뜻이다. 없앴다는 생각이 남아있으면 경계를 따른 생각의 잔영(殘影)이 남아있는 것이니 결국 그런 생각을 없애지 못한 것이 되고 만다.

2) 이일체법본래무상 염념불생염념불멸(以一切法本來無相 念念不生念念不滅) : 이것은 법성(法性)을 따라 말한 것으로 일체법(一切法)은 본래 공(空)하여 상(相)이 없기에 생멸(生滅)이 없으므로 집착할 바가 없다는 뜻이다.

3) 부득수심외념경계 후이심제심(不得隨心外念境界 後以心除心) : 먼저 마음이 외부경계(外部境界)에 이끌려 외부경계를 생각하고 그런 후에 그 마음을 또 다른 마음으로 없애고자 해서는 안 된다는 뜻으로 보기도 한다. 마음을 마음으로 없앤다고 하는 것은 곧 망심(妄心)으로 망심(妄心)을 없애는 것이라 망심이 없어지지 않는다는 뜻에서이다.

若從坐起 去來進止 有所施作[1] 於一切時 常念方便[2] 隨順觀察 久
약종좌기 거래진지 유소시작 어일체시 상념방편 수순관찰 구

習淳熟 其心得住, 以心住故 漸漸猛利 隨順得入眞如三昧[3] 深伏
습순숙 기심득주, 이심주고 점점맹리 수순득입진여삼매 심복

煩惱 信心增長 速成不退.
번뇌 신심증장 속성불퇴.

唯除 疑惑 不信 誹謗 重罪業障 我慢 懈怠, 如是等人 所不能入.[4]
유제 의혹 불신 비방 중죄업장 아만 해태, 여시등인 소불능입.

---

1) 약종좌기 거래진지 유소시작(若從坐起 去來進止 有所施作) : 앉아있을 때에는 지(止)를 닦는 것이 당연하지만, 앉았다가 일어나 가거나 오거나 나아가거나 머물거나 할 때 다시 말하면 어떠한 경우에든 할 일이 있더라도 항상 지(止)를 잊지 말아야 한다는 뜻에서 이른 것이다.
2) 방편(方便) : 이에서는 지(止)에 대해 설명하는 중이므로 지(止)의 방편(方便)으로 보아야 할 것이다.
3) 진여삼매(眞如三昧) : 뒤의 설명에 나오는 뜻으로 보면, 진여(眞如)의 적정(寂靜)하고 무상(無相)함을 관하여 그로써 허망(虛妄)하게 있는 번뇌를 없애는 삼매(三昧)를 말하는 것이라고 할 수 있다.
4) 유제 의혹 불신 비방 중죄업장 아만 해태 여시등인 소불능입(唯除 疑惑 不信 誹謗 重罪業障 我慢 懈怠 如是等人 所不能入) : 지(止)의 방편(方便)을 닦을 수 없어 진여삼매(眞如三昧)에 들 수 없는 사람들을 말한 것이다. 이에 의혹(疑惑)이란 근기가 낮아 이 논(論)에서 설명하고 있는 도리를

만약 앉았다가 일어나 가고 오고 나아가고 그침에 행하는 바가 있거든 언제나 항상 <지(止)의> 방편을 생각해 <진여의 도리를> 수순(隨順)하고 관찰하여 오래 익혀 순숙(淳熟)해지면 그 마음이 <지방편(止方便)을 성취하여> 안주(安住)하니, 마음이 안주하기에 점점 맹리(猛利)해져 진여삼매(眞如三昧)에 수순(隨順)해 들어가 깊이 번뇌를 조복(調伏)받고 신심(信心)이 증장(增長)하여 속히 퇴전(退轉)하지 않게 된다.

단지 의혹(疑惑) 불신(不信) 비방(誹謗) 중죄업장(重罪業障) 아만(我慢) 해태(懈怠)는 제외하니, 이들과 같은 사람은 <진여삼매(眞如三昧)에> 들지 못한다.

이해하지 못하고 과연 그럴까 하고 의혹을 품는 경우를 말한 것이고, 불신(不信)은 자기로서는 이해가 가지 않는다고 하여 믿지 않는 경우를 말한 것이고, 비방(誹謗)은 자기가 믿고 있는 도리와 다르다고 하여 비방하는 경우 특히 외도(外道)와 같은 경우를 말한 것이고, 중죄업장(重罪業障)은 중죄(重罪)를 많이 지어 그로 인한 업장(業障)이 두터워 설사 불법(佛法)을 만나도 받아들이지 못하는 경우를 말한 것이고, 아만(我慢)이란 자기가 좀 배웠다든지 안다든지 하여 자기 과신(過信)에 빠져 배우고자 하지 않는 경우를 말하는 것이고, 해태(懈怠)는 게을러서 차일피일(此日彼日) 미루어가는 경우를 말하는 것이다. 하지만 이런 경우를 들어 이에 이런 말을 한 것은 불능(不能) 자체에 대한 경우를 말하기보다는 이런 사람들을 경계하기 위한 것으로 보아야 할 것이다.

② 지(止)의 공능(功能)

復次 依是三昧故 卽知法界一相[1] 謂 一切諸佛法身 與衆生身 平
부차 의시삼매고 즉지법계일상 위 일체제불법신 여중생신 평

等無二 卽名一行三昧.[2] 當知, 眞如是三昧根本 若人修行 漸漸能
등무이 즉명일행삼매. 당지, 진여시삼매근본 약인수행 점점능

生無量三昧.[3]
생무량삼매.

③ 마사(魔事)를 밝힘

或有衆生[4] 無善根力 則爲諸魔外道鬼神之所惑亂, 若於坐中 現形
혹유중생 무선근력 즉위제마외도귀신지소혹란, 약어좌중 현형

恐怖 或現端正男女等相, 當念唯心 境界則滅 終不爲惱.
공포 혹현단정남녀등상, 당념유심 경계즉멸 종불위뇌.

---

1) 의시삼매고 즉지법계일상(依是三昧故 卽知法界一相) : '이 삼매(三昧)'라 한 것은 앞의 진여삼매(眞如三昧)를 말한다. 따라서 진여삼매에 의하면 법계(法界)가 모두 한 모습임을 안다고 한 것이다. 하지만 이것은 진여인 본체계의 면에서 말한 것이지 차별현상계의 면에서 말한 것이 아니다.
2) 일체제불법신 여중생신 평등무이 즉명일행삼매(一切諸佛法身 與衆生身 平等無二 卽名一行三昧) : 제불(諸佛)의 근본도 진여(眞如)요 중생의 근본도 진여이기에 진여로 보면 모두가 평등하여 차별이 없으니, 이를 관(觀)하는 삼매를 일행삼매(一行三昧)라 한 것이다. 즉 진여의 일리(一理)를 관한다는 뜻에서 붙인 이름이다.

② 지(止)의 공능(功能)

또한 이 삼매(三昧)에 의하기 때문에 곧 법계(法界)가 일상(一相)임을 아니 일체(一切) 제불(諸佛)의 법신(法身)이 중생의 몸과 더불어 평등하여 무이(無二)함을 말하는 것으로 곧 일행삼매(一行三昧)라고 한다. 마땅히 알지니, 진여(眞如)는 삼매(三昧)의 근본이라 만약 사람이 수행을 하면 점점 무량(無量)한 삼매(三昧)를 낼 수 있다.

③ 마사(魔事)를 밝힘

중생이 선근(善根)의 힘이 없으면 곧 온갖 마(魔) 외도(外道) 귀신(鬼神)들에게 혹란(惑亂)되리니, 혹은 앉아있는 중에 형상을 나타내 두렵게 하거나 혹은 단정한 남녀(男女) 등의 모습을 나타낼 것이나, 마땅히 <그 모든 것들이 다> 유심(唯心)임을 생각하면 경계(境界)가 곧 멸하여 종래 괴롭혀지지 않을 것이다.

---

3) 진여(眞如)는 모든 삼매의 근본이며 불가사의한 작용을 두루 갖추고 있는 것이어서 진여삼매(眞如三昧)를 수행한다면 점차적으로 한량없는 삼매를 얻을 수 있다는 말이다.

4) '혹유중생(或有衆生)'부터는 수행 중에 일어날 수 있는 여러 가지의 장애(障礙)에 대해 말한 것이다. 좋지 않아 보이는 역경계(逆境界)의 모습으로 나타나는 경우와 좋아 보이는 순경계(順境界)의 모습으로 나타나는 경우를 여러 가지의 예를 들어 말하였다. 모습이야 어쨌든 이런 모든 것은 다 망경계(妄境界)이기에 버려야 하는 것인데, 이에는 그렇게 할 수 있는 선근공덕(善根功德)의 힘이 필요하다는 것이다.

或現天像菩薩像, 亦作如來像 相好具足, 若說陀羅尼, 若說布施持
혹현천상보살상, 역작여래상 상호구족, 약설다라니, 약설보시지

戒忍辱精進禪定智慧.
계인욕정진선정지혜.

或說平等空無相無願,[1] 無怨無親, 無因無果, 畢竟空寂 是眞涅槃.
혹설평등공무상무원, 무원무친, 무인무과, 필경공적 시진열반.

或令人 知宿命過去之事 亦知未來之事 得他心智, 辯才無礙 能令
혹령인 지숙명과거지사 역지미래지사 득타심지, 변재무애 능령

衆生貪著世間名利之事.
중생탐착세간명리지사.

又令使人 數瞋數喜 性無常準,[2] 或多慈愛 多睡多病 其心懈怠,
우령사인 삭진삭희 성무상준, 혹다자애 다수다병 기심해태,

或卒起精進 後便休廢 生於不信 多疑多慮, 或捨本勝行 更修雜業,
혹졸기정진 후변휴폐 생어불신 다의다려, 혹사본승행 갱수잡업,

若著世事 種種牽纏.
약착세사 종종견전.

---

1) 공무상무원(空無相無願) : 삼삼매(三三昧)이다. ①공삼매(空三昧) ; 모든 것은 실체가 없어 공(空)하다고 관하는 삼매 ②무상삼매(無相三昧) ; 이미 공하니 상(相)이 없다고 관하는 삼매 ③무원삼매(無願三昧) ; 위와

혹은 천인(天人)의 모습이나 보살의 모습을 나타내며, 또한 여래(如來)의 모습처럼 하여 상호(相好)가 구족(具足)하며, 혹은 다라니(陀羅尼)를 설하고, 혹은 보시(布施) 지계(持戒) 인욕(忍辱) 정진(精進) 선정(禪定) 지혜(智慧)를 설한다.

혹은 평등하고 공(空)하여 무상(無相)이고 무원(無願)이며, 원(怨)도 없고 친(親)도 없으며, 인(因)도 없고 과(果)도 없어, 필경(畢竟)에 공적(空寂)함이 참된 열반(涅槃)이라고 설한다.

혹은 사람에게 숙명(宿命)인 과거의 일을 알게 하고 또한 미래의 일을 알게 하며 〈다른 사람의 마음을 아는 지혜인〉 타심지(他心智)를 얻게 하며, 변재(辯才)가 걸림 없어 능히 중생들에게 세간(世間) 명리(名利)의 일에 탐착(貪著)하게 한다.

또한 사람들에게 자주 성을 내고 자주 기뻐하게 하여 성품에 늘 일정함이 없게 하며, 혹은 자애(慈愛)가 많든가 잠이 많든가 병이 많든가 하여 그 마음이 게으르고 태만하게 하며, 혹은 별안간 정진(精進)을 시작하여 뒤에 곧 쉬거나 그만 두고 불신(不信)을 내 의심이 많고 생각이 많게 하며, 혹은 본래의 수승(殊勝)한 행(行)을 버리고 다시 잡된 업(業)을 닦게 하며, 혹은 세간의 일에 탐착하여 갖가지로 얽히게 한다.

같이 관하고선 무언가 하나도 원구(願求)할 것이 없다고 관하는 삼매, 하지만 이에선 공(空)에 치우친 면에서 말한 것으로 되어있다.
 2) 상준(常準) : 일정한 법칙이란 뜻이다.

亦能使人得諸三昧 少分相似 皆是外道所得 非眞三昧.[1]
역능사인득제삼매 소분상사 개시외도소득 비진삼매.

或復令人 若一日若二日若三日乃至七日 住於定中 得自然香美飮
혹부령인 약일일약이일약삼일내지칠일 주어정중 득자연향미음

食 身心適悅 不飢不渴 使人愛著, 或亦令人 食無分齊 乍多乍少
식 신심적열 불기불갈 사인애착, 혹역령인 식무분제 사다사소

顏色變異.[2]
안색변이.

以是義故 行者 常應智慧觀察 勿令此心墮於邪網, 當勤正念 不取
이시의고 행자 상응지혜관찰 물령차심타어사망, 당근정념 불취

不著, 則能遠離是諸業障.
불착, 즉능원리시제업장.

---

1) 외도(外道)도 나름대로 삼매(三昧)를 닦으니 얼핏 보면 어느 정도 비슷해 보이기도 하지만, 그들이 닦는 삼매는 진여(眞如)를 바탕으로 한 것이 아니기에 참된 삼매가 아니라고 한 것이다.
2) 식무분제 사다사소 안색변이(食無分齊 乍多乍少 顏色變異) : 음식을 먹는데 한도가 없어 어떤 때는 갑자기 너무 많이 먹고 어떤 때는 갑자기 너무 적게 먹어 음식조절이 되지 않아 건강에 이상이 생겨 안색(顏色)이 변하는 경우를 말한 것이다.

또한 능히 사람들에게 여러 가지의 삼매(三昧)를 얻게 하여 어느 정도 비슷하기도 하나 모두 외도(外道)들이 얻는 것이요 참된 삼매(三昧)는 아니다.

혹은 또한 사람들에게 일일(一日)이나 이일(二日)이나 삼일(三日)이나 내지 칠일(七日) 동안 정(定) 중에 머물게 하여 자연히 향기롭고 좋은 음식을 얻어 몸과 마음이 쾌적하고 기쁘며 굶주리지도 않고 목마르지도 않게 하여 사람들에게 애착(愛著)하게도 하며, 혹은 또한 사람들에게 먹는 것에 한도가 없게 하여 갑자기 많이 먹게 하거나 갑자기 적게 먹게 하여 안색이 변해 달라지게도 한다.

이런 뜻이 있기 때문에 행자(行者)는 항상 응당 지혜로 관찰하여 이 마음이 삿된 그물에 떨어지지 않게 하고, 마땅히 부지런히 생각을 바르게 하여 취하지도 않고 집착하지도 않아야 하니, <이렇게 하면> 곧 능히 이 모든 업장(業障)을 멀리 여읠 수 있다.

 마(魔)가 역경계(逆境界)의 모습으로 나타나는 경우는 누구든지 그것을 떠나려 할 것이지만 순경계(順境界)의 모습으로 나타나는 경우는 그것에 이끌려 집착하기 쉽다. 역경계(逆境界)의 모습은 사람을 놀라게 하거나 처지게 하고, 순경계(順境界)의 모습은 사람을 들뜨게 하거나 가볍게 하기 마련이다. 따라서 정도(正道)를 가는 사람은 유심(唯心)의 도리를 알아 역경계(逆境界)에도 순경계(順境界)에도 마음을 빼앗기지 말고 묵묵히 갈 길을 가야 할 것이니, 이에 나온 예(例)들은 이것을 일러주고자 함에 그 뜻이 있다고 보면 될 것이다.

④ 외도삼매와 진여삼매의 다른 점을 밝힘

應知, 外道所有三昧 皆不離見愛[1] 我慢之心 貪著世間名利恭敬故.
응지, 외도소유삼매 개불리견애 아만지심 탐착세간명리공경고.

眞如三昧者 不住見相 不住得相 乃至出定[2] 亦無懈慢 所有煩惱
진여삼매자 부주견상 부주득상 내지출정 역무해만 소유번뇌

漸漸微薄.
점점미박.

若諸凡夫 不習此三昧法 得入如來種性 無有是處. 以修世間諸禪
약제범부 불습차삼매법 득입여래종성 무유시처. 이수세간제선

三昧 多起味著[3] 依於我見 繫屬三界 與外道共, 若離善知識所護
삼매 다기미착 의어아견 계속삼계 여외도공, 약리선지식소호

則起外道見故.
즉기외도견고.

---

1) 견애(見愛) : 견(見)은 견혹(見惑), 애(愛)는 수혹(修惑)을 말한다.
2) 출정(出定) : 선정(禪定)으로부터 나오는 것이니, 정(定)에 들었다가 그만 그치는 것을 말한다. 선정(禪定)에 드는 것은 입정(入定)이라고 한다. 일반적으로 수행의 단계에선 입정(入定)과 출정(出定)이란 형식을 거치는 것이 상례(常例)이다.

④ 외도삼매와 진여삼매의 다른 점을 밝힘

마땅히 알지니, 외도(外道)에게 있는 삼매(三昧)는 모두 견(見)과 애(愛)와 아만(我慢)의 마음을 떠나지 못하였으니 세간(世間)의 명리(名利)와 <세간이 자신을> 공경(恭敬)하는 것에 탐착(貪著)하기 때문이다.

진여삼매(眞如三昧)라는 것은 견상(見相)<즉 능견(能見)의 심상(心相)>에도 <마음이> 머물지 않고 득상(得相)<즉 소득(所得)의 경상(境相)>에도 <마음이> 머물지 않으며 내지 정(定)에서 나오더라도 또한 게으르거나 태만함이 없어 있는 번뇌가 점점 미미하고 얇아지는 것이다.

만약 모든 범부가 이 삼매(三昧)의 법(法)을 익히지 않고 여래(如來)의 종성(種性)에 들어간다고 하면 이는 옳지 않은 것이다. 세간(世間)의 여러 선(禪) 삼매(三昧)를 닦음은 미착(味著)을 많이 일으키고 아견(我見)에 의하기에 삼계(三界)에 계속(繫屬)되어 외도(外道)와 같음이니, 만약 선지식(善知識)의 보호함을 여의면 곧 외도의 견해를 일으키기 때문이다.

---

3) 미착(味著) : 선(禪)에 들면 평상시에 느끼지 못하던 나름대로의 맛이 있으니 그것에 집착하는 것을 말한다. 하지만 이런 선미(禪味)에 집착하는 것도 결국은 집착이기에 떠나야 하는 것이다.

⑤ 진여삼매(眞如三昧)의 이익을 말하여 닦을 것을 권함

復次 精勤 專心修學此三昧者 現世 當得十種利益 云何爲十.
부차 정근 전심수학차삼매자 현세 당득십종이익 운하위십.

一者, 常爲十方諸佛菩薩之所護念.
일자, 상위시방제불보살지소호념.

二者, 不爲諸魔惡鬼所能恐怖.
이자, 불위제마악귀소능공포.

三者, 不爲九十五種外道[1]鬼神之所惑亂.
삼자, 불위구십오종외도 귀신지소혹란.

四者, 遠離誹謗甚深之法 重罪業障 漸漸微薄.
사자, 원리비방심심지법 중죄업장 점점미박.

五者, 滅一切疑 諸惡覺觀.[2]
오자, 멸일체의 제악각관.

六者, 於如來境界 信得增長.
육자, 어여래경계 신득증장.

---

1) 구십오종외도(九十五種外道) : 고대 인도대륙에 있었던 외도(外道)를 총칭한 것이다. 구십육종(九十六種)으로 말하기도 하는데, 그 세는 방법에 따라 다르다.

⑤ 진여삼매(眞如三昧)의 이익을 말하여 닦을 것을 권함

또한 정근(精勤)하여 전심(專心)으로 이 삼매를 수학(修學)하는 이는 현세(現世)에 마땅히 열 가지의 이익을 얻으니 어떠한 것이 열 가지인가.

첫째, 항상 시방(十方)의 제불보살(諸佛菩薩)에게 호념(護念)된다.

둘째, 온갖 마(魔) 악귀(惡鬼)들이 두렵게 하지 못한다.

셋째, 구십오종(九十五種)의 외도(外道)와 귀신들에게 혹란(惑亂)되지 않는다.

넷째, 깊고 깊은 법을 비방하는 것을 멀리 여의고 중죄업장(重罪業障)이 점점 얇아진다.

다섯째, 일체(一切)의 의혹과 온갖 나쁜 각관(覺觀)을 없앤다.

여섯째, 여래(如來)의 경계(境界)에 믿음이 증장한다.

---

2) 각관(覺觀) : 총체적으로 사고(思考)하는 것을 각(覺), 세밀하게 관찰하는 것을 관(觀)이라고 한다. 나쁜 각관(覺觀)은 다 선정(禪定)에 방해가 된다.

七者, 遠離憂悔 於生死中 勇猛不怯.
칠자, 원리우회 어생사중 용맹불겁.

八者, 其心柔和 捨於憍慢 不爲他人所惱.
팔자, 기심유화 사어교만 불위타인소뇌.

九者, 雖未得定 於一切時一切境界處 則能減損煩惱 不樂世間.
구자, 수미득정 어일체시일체경계처 즉능감손번뇌 불락세간.

十者, 若得三昧 不爲外緣一切音聲之所驚動.[1]
십자, 약득삼매 불위외연일체음성지소경동.

---

1) 불위외연일체음성지소경동(不爲外緣一切音聲之所驚動) : 정(定)에 들었을 때라도 다른 것은 몰라도 외연(外緣)인 말이나 소리를 듣게 되어 놀라거나 마음이 움직여지는 경우가 있는데, 진여삼매(眞如三昧)에선 이런 경우까지도 없게 된다는 뜻이다.

일곱째, 우회(憂悔)를 멀리 멀리 여의고 생사(生死) 중에서도 용맹하여 겁내지 않는다.

여덟째, 그 마음이 유화(柔和)하여 교만(憍慢)을 버리고 다른 사람에게 괴롭힘을 당하지 않는다.

아홉째, 비록 정(定)을 얻지 못하였어도 어느 때 어느 경계처(境界處)에서나 곧 능히 번뇌를 줄이고 세간을 즐기지 않는다.

열째, 만약 삼매(三昧)를 얻으면 외연(外緣)의 온갖 음성(音聲)에 놀라거나 움직이지 않게 된다.

* 이상으로 지(止)의 방편문(方便門)에 관한 설명은 끝나고, 다음부터는 관(觀)의 방편문(方便門)에 관한 설명이다.

(3) 관문(觀門)

① 총설(總說)

復次 若人 唯修於止 則心沈沒 或起懈怠 不樂衆善 遠離大悲,
부차 약인 유수어지 즉심침몰 혹기해태 불락중선 원리대비,

是故 修觀.
시고 수관.

② 법상관(法相觀)

修習觀者 當觀 一切世間有爲之法 無得久停 須臾變壞,[1]
수습관자 당관 일체세간유위지법 무득구정 수유변괴,

一切心行 念念生滅 以是故苦,[2]
일체심행 염념생멸 이시고고,

應觀過去所念諸法 恍惚如夢, 應觀現在所念諸法 猶如電光, 應觀
응관과거소념제법 황홀여몽, 응관현재소념제법 유여전광, 응관

未來所念諸法 猶如於雲 忽爾而起,[3]
미래소념제법 유여어운 홀이이기,

이 부분을 법상관(法相觀)이라고 하니
1) 모든 유위법(有爲法)은 인연(因緣)따라 생멸(生滅)하니 '무상(無常)'임을,
2) 중생의 심행(心行)은 망심(妄心)으로 기멸(起滅)하니 '고(苦)'임을,
3) 제법(諸法)은 실체(實體)가 없어 '무아(無我)'임을 말한 것이다.

(3) 관문(觀門)

① 총설(總說)

또한 만약 사람이 오로지 지(止)만 닦으면 곧 마음이 가라앉아 혹 게으르고 태만해져 여러 선(善)을 즐기지 않아 대비(大悲)를 멀리 떠나니, 이 까닭으로 관(觀)을 닦는다.

② 법상관(法相觀)

관(觀)을 닦아 익히는 이는 마땅히 일체 세간의 유위(有爲)의 법(法)이 오래 머물 수 없어 잠깐 사이에 변하고 무너지며,

일체의 심행(心行)이 염념(念念)에 생멸(生滅)하여 이 까닭으로 고(苦)인 것을 관(觀)하여야 하며,

응당 과거에 생각한 제법(諸法)은 <지나간> 꿈 같이 황홀(恍惚)하다고 관하여야 하고, 응당 현재에 생각하는 제법은 마치 전광(電光)과 같다고 관하여야 하며, 응당 미래에 생각할 제법은 마치 구름과 같아 홀연히 일어난다고 관하여야 하며,

---

* 유위법(有爲法)이란 인연(因緣) 따라 생멸(生滅)하는 모든 사물을 말한다. 인연에 관계없는 열반(涅槃) 같은 것은 무위법(無爲法)이라고 한다.

應觀世間一切有身 悉皆不淨 種種穢汚 無一可樂.[1)]
응관세간일체유신 실개부정 종종예오 무일가락.

③ 대비관(大悲觀) 대원관(大願觀) 정진관(精進觀)

如是, 當念, 一切衆生 從無始世來 皆因無明所熏習故 令心生滅
여시, 당념, 일체중생 종무시세래 개인무명소훈습고 영심생멸

已受一切身心大苦, 現在 卽有無量逼迫, 未來所苦 亦無分齊 難捨
이수일체신심대고, 현재 즉유무량핍박, 미래소고 역무분제 난사

難離, 而不覺知, 衆生如是 甚爲可愍,[2)]
난리, 이불각지, 중생여시 심위가민.

作此思惟 卽應勇猛 立大誓願 願令我心 離分別故 遍於十方 修行
작차사유 즉응용맹 입대서원 원령아심 이분별고 변어시방 수행

一切諸善功德 盡其未來 以無量方便 救拔一切苦惱衆生 令得涅槃
일체제선공덕 진기미래 이무량방편 구발일체고뇌중생 영득열반

第一義樂,[3)]
제일의락,

---

1)은 법상관(法相觀) 중 네 번째로 육근(六根)으로 이루어진 몸이 깨끗하다<정(淨)>고 함에 '부정(不淨)'임을 밝힌 것이다.
　이 네 가지의 관(觀)을 각각 무상관(無常觀) 고관(苦觀) 무아관(無我觀) 부정관(不淨觀)이라 한다. 이렇게 중생들이 잘못 생각하여 상(常) 낙(樂) 아(我) 정(淨)이라고 함에 대해 일단 무상(無常) 고(苦) 무아(無我) 부정(不淨)이라고 한 것은 석존 설법의 하나의 패턴이다.

응당 세간의 모든 몸은 모두 다 부정(不淨)하여 갖가지의 더러움으로 물들어 하나도 즐길 것이 없다고 관하여야 한다.

③ 대비관(大悲觀) 대원관(大願觀) 정진관(精進觀)

이와 같아, 마땅히 생각할지니, 일체의 중생은 비롯함이 없는 세상으로부터 모두 무명(無明)에 훈습(熏習)됨을 인하는 까닭으로 마음을 생멸(生滅)하게 하여 이미 온갖 신심(身心)의 큰 괴로움을 받았고, 현재에도 곧 무량한 핍박이 있으며, 미래에 괴로울 바도 또한 한계가 없어 버리기도 어렵고 떠나기도 어렵지만, <이런 사실을> 깨달아 알지 못하니, 중생은 이와 같아 심히 불쌍함이라,

이런 생각을 하여 곧 응당 용맹하게 큰 서원(誓願)을 세워 나의 마음이 분별을 떠나기 때문에 시방(十方)에 두루 하여 일체의 온갖 선한 공덕을 닦고 행하여 그 미래가 다하도록 무량한 방편으로 모든 고뇌(苦惱)의 중생을 구하고 건져내 열반(涅槃) 제일의(第一義)의 즐거움을 얻게 하리라고 원하여,

---

2) 중생을 불쌍하게 여기는 것으로 대비관(大悲觀)이라고 한다.
3) 대비(大悲)에 따라 중생교화의 대원(大願)을 세우는 것으로 대원관(大願觀)이라고 한다.

以起如是願故　於一切時一切處　所有衆善　隨己堪能　不捨修學　心
이기여시원고　어일체시일체처　소유중선　수기감능　불사수학　심

無懈怠, 唯除坐時專念於止　若餘一切　悉當觀察應作不應作.[1]
무해태, 유제좌시전념어지　약여일체　실당관찰응작불응작.

---

1) 대원(大願)에 따라 정진(精進)을 하여 가는 것으로 정진관(精進觀)이
라고 한다.

이와 같은 원(願)을 일으키는 까닭에 언제 어느 곳에서나 여러 선(善)을 몸소 감당할 능력을 따라 닦고 배움을 버리지 않아 마음에 게으르거나 태만함이 없어야 하니, 오로지 앉아 있을 때 지(止)에 전념(專念)함만은 제외하고 그 나머지의 모든 것에서는 다 마땅히 하여야 할 것과 마땅히 하지 않아야 할 것을 관찰해야 한다.

지관(止觀)	지(止)			
	관(觀)	법상관(法相觀)	무상관(無常觀)	자리(自利)
			고관(苦觀)	
			무아관(無我觀)	
			부정관(不淨觀)	
		대비관(大悲觀)		이타(利他)
		대원관(大願觀)		
		정진관(精進觀)		

(4) 지(止)와 관(觀)을 함께 닦을 것을 권함

若行若住若臥若起[1] 皆應止觀俱行, 所謂 雖念諸法自性不生[2] 而
약행약주약와약기 개응지관구행, 소위 수념제법자성불생 이

復卽念因緣和合 善惡之業 苦樂等報 不失不壞, 雖念因緣善惡業
부즉념인연화합 선악지업 고락등보 불실불괴, 수념인연선악업

報 而亦卽念性不可得.[3]
보 이역즉념성불가득.

若修止者 對治凡夫住著世間 能捨二乘怯弱之見,[4] 若修觀者 對治
약수지자 대치범부주착세간 능사이승겁약지견, 약수관자 대치

二乘不起大悲狹劣心過 遠離凡夫不修善根.[5]
이승불기대비협열심과 원리범부불수선근.

---

1) 약행약주약와약기(若行若住若臥若起) : 앉아있을 경우는 앞에서 말했으므로 이에선 가고 머물고 눕고 일어나는 경우를 말하였다.
2) 제법자성불생(諸法自性不生) : 제법(諸法) 즉 모든 사물의 자체 성품 즉 자성(自性)은 본래 공(空)한 것이라 따로 생기거나 멸하는 것이 아니란 뜻이다.
3) 성불가득(性不可得) : 선악업(善惡業)이든 그에 따른 과보(果報)이든 다 인연 따라 있기에 자성(自性)이 공(空)하여 어떻게 인지(認知)할 수 없다는 뜻이다. 불가득(不可得)이란 단순히 얻을 수 없다는 뜻이 아니라 추찰(推察)해보아도 어떻게 인지(認知)할 수 없다는 뜻에서 쓰는 말이다.
4) 지(止)를 닦음에 있어 두 가지의 이익을 말한 것이니, 하나는 범부들이

(4) 지(止)와 관(觀)을 함께 닦을 것을 권함

가거나 머물거나 눕거나 일어나거나 다 응당 지(止)와 관(觀)을 함께 행하여야 하니, 이른 바 비록 제법(諸法)의 자성(自性)이 불생(不生)임을 생각하더라도 다시 곧 인연(因緣)의 화합(和合)인 선악(善惡)의 업(業)과 <그에 따른> 고락(苦樂) 등의 과보(果報)가 잃어지지도 아니하고 파괴되지도 아니함을 생각하며, 비록 인연(因緣)인 선악(善惡)의 업보(業報)를 생각하나 또한 곧 성(性)이 불가득(不可得)임을 생각하는 것이다.

만약 지(止)를 닦는다면 범부(凡夫)가 세간에 머물러 집착함을 대치(對治)하고 <소승(小乘)인 성문(聲聞)과 연각(緣覺)의> 이승(二乘)의 겁약(怯弱)한 견해를 능히 버릴 것이요, 만약 관(觀)을 닦는다면 이승(二乘)의 대비(大悲)를 일으키지 않는 좁고도 하열한 마음의 허물을 대치(對治)하고 범부의 선근(善根)을 닦지 않음을 멀리 여읠 것이다.

세간에 머물러 세간에 집착하여 온갖 업(業)을 지음에 이런 것을 대치(對治)하게 된다는 것이요, 또 하나는 소승(小乘)인 성문(聲聞)과 연각(緣覺)의 이승(二乘)이 세간(世間)의 생사(生死)를 두려워하여 열반(涅槃)이란 것에 머물고자 하니 이런 겁약(怯弱)한 생각을 버리게 된다는 것이다.
5) 관(觀)을 닦음에 있어서 두 가지의 이익을 말한 것이니, 하나는 세간(世間)의 생사(生死)를 두려워하여 세간에 들어 대비심(大悲心)을 일으켜 중생을 교화하지 못하는 이승(二乘)의 좁고도 하열한 마음의 허물을 대치(對治)하게 된다는 것이요, 또 하나는 게으르고 태만하며 인연(因緣)을 잘 몰라 선근공덕(善根功德)을 짓지 않는 범부들의 잘못을 여의게 된다는 것이다.

以此義故 是止觀二門 共相助成 不相捨離, 若止觀不具 則無能入
이차의고 시지관이문 공상조성 불상사리. 약지관불구 즉무능입

菩提之道.
보리지도.

(5) 불(佛)의 방편(方便)과 염불왕생(念佛往生)

復次 衆生 初學是法 欲求正信 其心怯弱, 以住於此娑婆世界[1] 自
부차 중생 초학시법 욕구정신 기심겁약, 이주어차사바세계 자

畏不能常値諸佛親承供養, 懼謂信心難可成就 意欲退者, 當知如來
외불능상치제불친승공양, 구위신심난가성취 의욕퇴자, 당지여래

有勝方便 攝護信心, 謂 以專意念佛因緣 隨願得生他方佛土 常見
유승방편 섭호신심, 위 이전의염불인연 수원득생타방불토 상견

於佛 永離惡道.
어불 영리악도.

---

1) 사바세계(娑婆世界) : 사바(娑婆)는 범어 사하-(sahā)의 음역인데 인(忍)
감인(堪忍) 등으로 번역한다. 이 땅의 중생들은 번뇌가 많아 참고 살아가야
하고, 또 성자(聖者)들은 중생을 교화함에 여러 가지 면에서 참고 해야 하
므로, 이렇게 말하는 것이다.

이런 뜻이 있는 까닭에 이 지(止)와 관(觀)의 이문(二門)은 함께 서로 도와 이루어 서로 버리거나 여의거나 하지 아니하니, 만약 지(止)와 관(觀)이 함께 하지 않으면 곧 보리(菩提)의 도(道)에 들어갈 수가 없다.

(5) 불(佛)의 방편(方便)과 염불왕생(念佛往生)

또한 중생이 이 법(法)을 처음 배워 바른 믿음을 구하고자 하나 그 마음이 겁약(怯弱)하여, 이 사바세계(娑婆世界)에 머물러늘 제불(諸佛)을 뵙고 친히 받들고 공양하지 못할까 스스로 두려워하며, 두려워해 이르되 신심(信心)을 가히 성취하기 어렵다고 하며 뜻이 물러가고자 하면, <이런 사람은> 마땅히 여래(如來)께는 수승(殊勝)한 방편(方便)이 있어 신심(信心)을 섭호(攝護)하심을 알아야 할지니, <이것은> 뜻을 오로지 하여 부처님을 생각하는 인연으로 원(願)에 따라 타방(他方)의 불토(佛土)에 태어나 항상 부처님을 뵈어 영원히 악도(惡道)를 여읨을 말하는 것이다.

如修多羅說 若人 專念西方極樂世界阿彌陀佛[1] 所修善根廻向 願
여수다라설 약인 전념서방극락세계아미타불　소수선근회향 원

求生彼世界 卽得往生, 常見佛故 終無有退.
구생피세계 즉득왕생, 상견불고 종무유퇴.

若觀彼佛眞如法身 常勤修習 畢竟得生 住正定故.[2]
약관피불진여법신 상근수습 필경득생 주정정고.

---

1) 서방극락세계아미타불(西方極樂世界阿彌陀佛) : 서방극락세계라고 한 것은 극락세계가 서쪽에 있다는 정토(淨土)이기 때문에 이른 말이다. 아미타라는 말은 범어로 *Amitābha* 와 *Amitāyus* 의 두 가지가 있는데 이 중 서로 같은 음(音)만을 따서 부르는 것이다. *Amitābha* 는 <무량(無量)한 광명(光明)>이란 뜻이어서 무량광(無量光), *Amitāyus* 는 <무량(無量)한 수명(壽命)>이란 뜻이어서 무량수(無量壽)라고 한역(漢譯)하였다.

수다라(修多羅)에 설한 것과 같이 만약 사람이 오로지 서방(西方) 극락세계(極樂世界)의 아미타불(阿彌陀佛)을 생각하고 닦은 선근(善根)을 회향(廻向)하여 그 세계에 나기를 원구(願求)하면 곧 왕생(往生)할 것이니, 항상 부처님을 뵙는 까닭으로 종래 퇴전(退轉)함이 없다.

만약 저 부처님의 진여법신(眞如法身)을 관(觀)하고 항상 부지런히 닦아 익히면 필경에는 왕생(往生)할 수 있으니 정정취(正定聚)에 머물기 때문이다.

  2) 지(止)와 관(觀)을 함께 닦을 것을 권한 다음 이에서는 타력신앙(他力信仰)인 정토(淨土)에의 왕생(往生)에 대하여 말하였다. 이로써 대승기신론에서는 자력(自力)에 이어 타력(他力)의 신앙까지 말하여 자력(自力)과 타력(他力)의 밀접한 관계를 밝혔다. 하지만 궁극에는 자력(自力) 타력(他力)이 따로 없어 하나로 회통(會通)되는 것이니, 이로써 수행신심분(修行信心分)을 끝맺고 있다.

V. 권수이익분(勸修利益分)

一. 총설(總說)

已說修行信心分, 次說勸修利益分
이설수행신심분, 차설권수이익분

如是 摩訶衍諸佛祕藏[1] 我已總說, 若有衆生 欲於如來甚深境界
여시 마하연제불비장   아이총설, 약유중생 욕어여래심심경계

得生正信 遠離誹謗[2] 入大乘道 當持此論 思量修習[3] 究竟能至無
득생정신 원리비방   입대승도 당지차론 사량수습   구경능지무

上之道.
상지도.

---

1) 마하연제불비장(摩訶衍諸佛祕藏) : 마하연(摩訶衍)은 이미 앞에서 알아본 대로 범어(梵語) 마하-야-나(Mahāyāna)의 음역으로 대승(大乘)이라고 번역된 말이다. 따라서 '마하연(摩訶衍)인 제불(諸佛)의 비장(祕藏)'이라고 한 이 표현은 제불(諸佛)의 비장(祕藏)이 곧 대승(大乘)이라고 한 것이니, 이 대승기신론은 대승(大乘)이 진정한 제불(諸佛)의 뜻임을 끝에 와서 다시 한 번 확언(確言)하고 있음을 알 수 있다.
2) 득생정신 원리비방(得生正信 遠離誹謗) : 이에 따라 이 권수이익분(勸修利益分)은 정신(正信) 즉 바른 믿음을 내도록 권하는 부분과 비방(誹謗)을 멀리 여의도록 하는 부분과의 두 가지로 쓰여 있다.

V. 권수이익분(勸修利益分)

一. 총설(總說)

이미 수행신심분(修行信心分)을 설하였으니, 다음에는 권수이익분(勸修利益分)을 설한다.

이와 같이 마하연(摩訶衍)인 제불(諸佛)의 비장(祕藏)을 내가 이미 다 설하였으니, 만약 중생이 여래(如來)의 깊고 깊은 경계(境界)에 바른 믿음을 내 비방(誹謗)을 멀리 여의고 대승(大乘)의 도(道)에 들어가고자 함에 마땅히 이 논(論)을 지니어 사량(思量)하고 수습(修習)하면 구경(究竟)에는 능히 무상(無上)의 도(道)에 이를 수 있을 것이다.

---

3) 삼혜(三慧)라고 하는 것이 있으니 ①선천적인 지혜로써 들은 바 법(法)의 뜻을 부지런히 구하여 그릇된 법을 버리는 문혜(聞慧)와 ②법(法)의 뜻을 사유(思惟)하는 사혜(思慧)와 ③사유(思惟)한 다음 닦아 익히는 수혜(修慧)의 세 가지 혜(慧)가 그것이다. 이로써 보면 이 논(論)을 지니는 것은 문혜(聞慧)에 해당하고, 사량(思量)한다는 것은 사혜(思慧)에 해당하며, 수습(修習)은 수혜(修慧)에 해당한다고 볼 수 있다.

二. 바른 믿음을 권함

若人 聞是法已 不生怯弱, 當知, 此人 定紹佛種 必爲諸佛之所授
약인 문시법이 불생겁약, 당지, 차인 정소불종 필위제불지소수

記,[1] 假使有人 能化三千大千世界滿中衆生 令行十善 不如有人
기, 가사유인 능화삼천대천세계만중중생 영행십선 불여유인

於一食頃 正思此法 過前功德 不可爲喩.[2]
어일식경 정사차법 과전공덕 불가위유.

復次 若人 受持此論 觀察修行 若一日一夜 所有功德 無量無邊
부차 약인 수지차론 관찰수행 약일일일야 소유공덕 무량무변

不可得說. 假令十方一切諸佛 各於無量無邊阿僧祇劫 歎其功德
불가득설. 가령시방일체제불 각어무량무변아승기겁 탄기공덕

亦不能盡. 何以故 謂 法性功德 無有盡故 此人功德 亦復如是 無
역불능진. 하이고 위 법성공덕 무유진고 차인공덕 역부여시 무

有邊際.[3]
유변제.

---

1) 수기(授記) : 부처님께서 미래에 성불(成佛)한다는 기별(記別)을 주시는 것을 말한다. 받는 입장에서는 수기(受記)라고 한다.
2) 바른 믿음을 권하는 중 이 부분은 이 논(論)에 설한 법을 듣고 겁약(怯弱)을 내지 않는 경우를 말한 것이다.

二. 바른 믿음을 권함

 만약 사람이 이 법(法)을 듣고 나서 겁약(怯弱)함을 내지 않으면, 마땅히 알지니, 이 사람은 결정코 불종(佛種)을 이어 필히 제불(諸佛)의 수기(授記)하시는 바가 되리니, 설사 사람이 있어 능히 삼천대천세계(三千大千世界) 중에 가득한 중생을 교화하여 십선(十善)을 행하게 하더라도 사람이 있어 일식경(一食頃)에 이 법(法)을 바르게 사유(思惟)하는 것만 같지 못할지니 <이 공덕은> 앞의 공덕을 초과하여 비유(譬喩)할 수 없다.

 또한 만약 사람이 이 논(論)을 수지(受持)하여 관찰하고 수행하면 비록 하루 낮 하루 밤 동안이라도 그에 있는 공덕은 무량무변(無量無邊)하여 설할 수 없다. 가령 시방(十方)의 모든 제불(諸佛)께서 각기 무량무변(無量無邊)한 아승기겁(阿僧祇劫)에 그 공덕을 찬탄하여도 또한 다할 수 없다. 왜냐 하면 법성(法性)의 공덕은 다함이 없다고 이르기 때문이니 <그런 법성(法性)을 따르는> 이 사람의 공덕도 또한 이와 같아 끝이 없다.

---

 3) 이 부분은 이 논(論)에 설한 법을 듣고 수지(受持)하여 관찰(觀察) 수행(修行)하는 경우를 말한 것이다. 그런데 앞의 경우나 이 경우에 나와 있는 비유는 액면 그대로 받아들일 것이 아니라 공덕(功德)이 말로 할 수 없다는 것을 극한적으로 나타낸 것이니 그 뜻으로 받아들여야 할 것이다.

三. 비방(誹謗)을 멀리 여읠 것을 권함

其有衆生 於此論中 毁謗不信 所獲罪報 經無量劫 受大苦惱, 是
기유중생 어차론중 훼방불신 소획죄보 경무량겁 수대고뇌, 시

故 衆生 但應仰信 不應誹謗, 以深自害 亦害他人 斷絶一切三寶
고 중생 단응앙신 불응비방, 이심자해 역해타인 단절일체삼보

之種. 以一切如來 皆依此法 得涅槃故, 一切菩薩 因之修行 得入
지종. 이일체여래 개의차법 득열반고, 일체보살 인지수행 득입

佛智故.[1]
불지고.

當知, 過去菩薩 已依此法 得成淨信, 現在菩薩 今依此法 得成淨
당지, 과거보살 이의차법 득성정신, 현재보살 금의차법 득성정

信, 未來菩薩 當依此法 得成淨信, 是故 衆生 應勤修學.[2]
신, 미래보살 당의차법 득성정신, 시고 중생 응근수학.

---

1) 이 논(論)에서 지금까지 말한 법(法)을 비방하고 믿지 않는 죄보(罪報)로 오랫동안 큰 고뇌를 받게 될 것이라는 점과 삼보(三寶)의 종자(種子)를 끊을 것이라는 점을 들고, 이 논(論)에서 말한 법(法)을 따라 바르게 수행하면 불지(佛智)에 들 것이라는 점을 들어 수행을 권한 것이다.
2) 과거 현재 미래 삼세(三世)의 보살들이 다 이 법에 의하여 깨끗한 믿음을 이룬다는 점을 들어 이 논(論)에서 말한 법(法)을 따라 수행할 것을 권한 것이다.

三. 비방(誹謗)을 멀리 여읠 것을 권함

그 어떤 중생이 있어 이 논(論) 중에서 훼방(毁謗)하고 불신(不信)하면 <그가> 얻을 죄보(罪報)는 무량겁(無量劫)을 지나도록 큰 고뇌(苦惱)를 받는 것이리니, 이런 까닭으로 중생은 단지 응당 우러러 믿을지언정 비방하여서는 안 되니, <비방하면> 깊이 스스로를 해치고 또한 다른 사람도 해쳐 모든 삼보(三寶)의 종자(種子)를 단절(斷絶)할 것이다. 일체(一切)의 여래(如來)께서 모두 이 법(法)에 의하여 열반을 얻으셨기 때문이며, 일체의 보살이 이를 인하여 수행하여 불지(佛智)에 들어갈 것이기 때문이다.

마땅히 알지니, 과거의 보살도 이미 이 법(法)에 의하여 깨끗한 믿음을 이루었고, 현재의 보살도 지금 이 법(法)에 의하여 깨끗한 믿음을 이루며, 미래의 보살도 마땅히 이 법에 의하여 깨끗한 믿음을 이룰 것이니, 이 까닭으로 중생은 응당 부지런히 닦고 배워야 할 것이다.

이렇게 말한 것은 어떤 새로운 주장 같은 것을 펼쳐 그에 따를 것을 강요하는 그런 것이 아니다. 지금까지 보아온 대로 이 논(論)은 본래 있는 그대로 진여(眞如)인 일심(一心)의 도리로 대승의 가르침을 정리하여 누구나 굳게 대승에의 믿음을 일으켜 대승의 길을 따라 불(佛)의 경지에 이르도록 하는데 그 목적을 두었으니, 이런 말은 이 논(論)을 끝내면서 모두가 그렇게 하도록 보다 강하게 권하고자 하는데 그 뜻이 있다고 보아야 할 것이다.

流通分

<이 논(論)의 유통(流通)을 권함>

<인도 사르나드박물관 소장 관세음보살상>

회향게 (廻向偈)

諸佛甚深廣大義
제불심심광대의

我今隨分總持說
아금수분총지설

廻此功德如法性[1]
회차공덕여법성

普利一切衆生界.
보리일체중생계.

---

1) 회차공덕여법성(廻此功德如法性) : 앞에서 바른 믿음을 권하는 중에 <법성(法性)의 공덕(功德)은 다함이 없다(法性功德 無有盡)>고 하였으니 이 논(論)의 가르침을 수행하여 얻는 공덕은 법성(法性)과 같이 됨이라, 이 말은 이런 다함이 없는 공덕을 회향(廻向)한다는 의미로 보면 될 것이다.

회향게(廻向偈)

제불(諸佛)의 심심(甚深)하고 광대(廣大)한 뜻을

나는 이제 분(分)을 따라 다 지녀 설하였으니

이 공덕(功德) 법성(法性)과 같음을 회향(廻向)하여

널리 일체의 중생계를 이롭게 하리라.

— 終 —

이 회향(廻向)의 게송(偈頌)으로써 대승기신론은 끝난다.

이 책을 읽어주신 모든 분께 감사드리며
제불보살(諸佛菩薩)님의 가피로
속히 보리(菩提)를 얻어
또 하나의 연꽃으로 피어나
세간(世間)에 자재(自在)하며
세간을 아름답게 해주시길
제불보살님 전에 기원합니다.

필자 합장

韓譯 註解

大乘起信論

馬鳴菩薩 造
梁天竺三藏法師 眞諦 漢譯
高淳豪 韓譯 註解

발행일 / 2010년 8월 10일
초판 1쇄

엮은이 / 고순호

발행처 / 무량수
발행인 / 주영배
편집장 / 천윤경

부산광역시 해운대구 재송동 1209번지
센텀IS타워 1009호
대표전화 / 051-255-5675
편집실 / 248-0011
팩시밀리 / 051-255-5676

ISBN 978-89-91341-21-0 03220

정가 12,000원

※ 파손된 책은 교환하여 드립니다.